DOMINANDO**ACORDES**
DE**JAZZ**NA**GUITARRA**

Guia Prático e Musical para Todas as Estruturas, Vozes e Inversões de Acordes

JOSEPH**ALEXANDER**

FUNDAMENTAL**CHANGES**

Dominando Acordes de Jazz na Guitarra

Guia Prático e Musical para Todas as Estruturas, Vozes e Inversões de Acordes

Publicado por **www.fundamental-changes.com**

ISBN: 978-1911267492

www.fundamental-changes.com

Mais uma obra de Joseph Alexander

Áudio gravado por Pete Sklaroff e disponível em

www.fundamental-changes.com/audio-downloads.

Foto da capa: ShutterStock Petr Malyshev

Índice

Introdução 4

Obtenha o Áudio 6

Capítulo 1: Vozes e Inversões 7

Capítulo Dois: Vozes Drop 2 de Fm7 11

Capítulo Três: Vozes Drop 2 Dominantes 17

Capítulo Quatro: Vozes Drop 2 no Acorde m7b5 24

Capítulo Cinco: Vozes Drop 2 de Acordes Maiores com Sétima 29

Capítulo Seis: Sequências de Acordes Drop 2 34

Capítulo Sete: Inserindo Nonas Naturais aos Acordes 39

Capítulo Oito: Inserindo Outras Extensões Diatônas 50

Capítulo Nove: Alterando Acordes Dominantes 52

Capítulo Dez: Acordes Drop 2 - Cordas do Meio 58

Capítulo Onze: Extensões e Alterações 69

Capítulo Doze: Acordes Drop 2 - Cordas Graves 71

Capítulo Treze: Vozes Drop 3 - Tônica na Sexta Corda 76

Capítulo Quatorze: Acordes Drop 3 - Tônica na Quinta Corda 86

Capítulo Quinze: Vozes Drop 2 e 4 - Sexta Corda 90

Capítulo Dezesseis: Vozes Drop 2 e 4 - Quinta Corda 94

Capítulo Dezessete: Convertendo Estruturas de Acordes 98

    Acordes Menor/Maior 7 98

    Acordes de 7ª Diminuta 99

    Acordes Maiores e Menores com Sexta 102

Capítulo Dezoito: Exercícios Cíclicos 106

Conclusões e Estudos Avançados 108

Introdução

A Parte Um dessa série abordou a construção de, praticamente, todo tipo de acorde utilizado na música moderna. Foram passadas três vozes na posição tônica para acorde, de forma que você tenha tido, para cada acorde, versões com as notas tônicas na sexta, quinta e quarta cordas.

Essas três vozes lhe permitirão tocar a harmonia de praticamente *qualquer* música, especialmente jazz, onde sons complexos e alterados são comuns. Você deve ser capaz de encontrar, rapidamente, ao menos uma "pista" de acorde que lhe permita tocar por toda a progressão. A Parte Um também desconstruiu a escala da guitarra em intervalos ao redor da nota tônica, permitindo que você construa rapidamente qualquer acorde a partir dos "princípios iniciais".

A Parte Um não é, de qualquer forma, um pré-requisito para a Parte Dois. Entretanto, entender a construção de acordes e ser capaz de localizar os intervalos no braço da guitarra será de grande ajuda à medida que formos avançando.

Na Parte Dois, nós iremos nos concentrar nos conceitos de *vozes* e *inversões* de acordes. Ambas as ideias são conceitualmente simples: Se nós temos quatro notas em um acorde, vozes e inversões são, simplesmente, as diferentes formas de organizar essas notas. Esses conceitos serão discutidos de forma mais ampla ao longo do livro.

A razão para estudar as vozes e inversões é criar uma rica "tapeçaria" de sons e texturas que podem ser utilizados para criar música. Se você escutar guitarristas como Joe Pass, Tal Farlow, Jim Hall, Martin Taylor ou Barney Kessel (dentre *vários* outros), então você descobrirá que a maioria de suas abordagens à guitarra base pode ser dividida em várias das técnicas abordadas neste livro.

Até mesmo os guitarristas que não estão associados ao estilo "chord melody" usam diferentes vozes e inversões ao tocarem guitarra base. Basta você ouvir Mike Stern, Wes Montgomery, George Benson, Pat Metheny, John Scofield e centenas de outros guitarristas para ouvir que suas partes harmônicas dificilmente se baseiam em apenas uma voz para cada acorde.

Ao passear pelas inversões e vozes de acordes, utilizando "licks de acordes", grandes guitarristas da era moderna agregam profundidade, interesse e movimento, até mesmo, às progressões de acordes mais estáticas.

Os conceitos discutidos neste livro não são, de forma alguma, limitados à guitarra. Você perceberá que as técnicas aqui abordadas também são utilizadas por tocadores de piano e vibe, além de estarem presentes nas partes de sopro e cordas de praticamente qualquer orquestra.

As vozes ensinadas aqui são arranjos musicais comuns, estejam elas presentes em uma única guitarra ou piano ou divididas através de múltiplos instrumentos em uma seção de orquestra.

Indubitavelmente, este livro contém uma grande quantidade de informações, e pode ser que você leve meses até internalizar tudo. O truque para incorporar essa quantidade de informação é colocá-la em contexto, o mais rápido possível. Por favor, não encare os conceitos deste livro como se fossem um conjunto de regras. Pegue uma ideia de cada vez e use-a de fato ao tocar. Tente tocá-la em tons diferentes e em situações musicais diferentes. O objetivo não é memorizar todos os conceitos de uma vez; é fazer melhorias pequenas e graduais na sua técnica.

Eu tentei organizar o material da forma mais lógica possível, para manter as informações úteis e práticas. Há ocasiões nas quais eu incluí certas vozes apenas para manter o conteúdo completo. Na prática, podem existir opções melhores para você usar. Essas ocasiões são indicadas com clareza, e são acompanhadas de uma explicação do porquê de não serem utilizadas com frequência, e o que você deve usar em seu lugar.

Pode ser que você tenha trombado com a regra 80/20, que diz que 80% do resultado vem de 20% do seu esforço. Ao se concentrar nos acordes e técnicas comumente utilizadas pelos grandes guitarristas de jazz, sem se preocupar com as coisas que são teoricamente possíveis, você progredirá de forma rápida e massiva.

Assim como nos outros livros dessa série, eu acredito que a música é melhor demonstrada com bastante partitura, tablatura, diagramas e exemplos de áudio. Você pode baixar todos os arquivos de áudio e backing tracks deste livro em **www.fundamental-changes.com/audio-downloads,** completamente de graça! Esses arquivos irão realmente ajudá-lo a progredir mais rápido.

Como sempre, vá devagar e se divirta.

Joseph

Obtenha o Áudio

Os arquivos de áudio desse livro estão disponíveis para download gratuito em **www.fundamental-changes. com** e o link está no canto superior direito. Apenas selecione o título do livro no menu e siga as instruções para baixar os áudios.

Nós recomendamos que você baixe os áudios diretamente para seu computador em vez do seu tablet, e transfira-os para lá depois de adicioná-los a sua galeria de mídia. Então, você pode colocá-los no seu tablet, iPod ou gravá-los em um CD. Na página de download há um PDF para ajudá-lo e nós também oferecemos suporte técnico através do formulário de contato.

Kindle / eReaders

Para aproveitar ao máximo esse livro, lembre-se de que você pode clicar em qualquer imagem para ampliá-la. Desligue o bloqueio de "rotação de tela" e segure seu kindle em formato paisagem.

Integre-se

FB: **FundamentalChanges InGuitar**

Instagram: **FundamentalChanges**

Para Mais de 350 Aulas de Guitarra Com Vídeos Grátis, Acesse:

www.fundamental-changes.com

Capítulo 1: Vozes e Inversões

A expressão "voz de acorde" se refere ao modo como as notas de um acorde são arranjadas, tanto na partitura quanto no nosso instrumento.

Na Parte Um, eu mostrei que um acorde "7" contém quatro notas: a tônica, a terça, a quinta e a sétima da escala que dá origem ao acorde. O jeito mais fácil de dispôr essas notas é as colocando uma sobre as outras. Por exemplo: o acorde de Cmaj7 tem a fórmula 1 3 5 7, que gera as seguintes notas:

Dó, Mi, Sol e Si.

Essas notas podem ser "empilhadas" desta forma:

Exemplo 1a:

Observe como as notas C, E, G e B são posicionadas em ordem, da mais baixa para a mais alta. Quando as notas do acorde estão em ordem dessa forma (1 3 5 7), essa posição é chamada de posição (ou "ordem") fechada.

O exemplo acima é uma forma perfeitamente legítima de organizar o acorde Cmaj7. Porém, um jeito muito mais comum de fazer isso é utilizando uma posição *drop*. Há três formas principais de tocar uma voz drop na guitarra:

Drop 2

Drop 3

Drop 2 e 4

O que os músicos querem dizer quando dizem "voz drop", "posição drop" ou "ordem drop" é que uma ou mais notas da estrutura do acorde foi diminuída em uma oitava.

Por exemplo: em uma voz drop 2, a *segunda nota mais alta é "rebaixada" em uma oitava*.

Esse conceito é mostrado no exemplo a seguir. (Não se preocupe em tocar os exemplos desse capítulo; apenas se certifique de que você está confortável com os conceitos abordados.)

Exemplo 1b:

Cmaj7

(Drop 2 voicing)

No exemplo acima, você pode ver que a segunda nota mais alta (G) foi rebaixada em uma oitava, e agora ela está abaixo da nota tônica do acorde (C).

O drop 2 resultante ainda é um acorde Cmaj7, mas com uma sonoridade bem diferente daquela da voz original na posição fechada.

Em uma voz drop 3, a terceira nota mais alta é rebaixada em uma oitava.

Exemplo 1c:

Cmaj7

(Drop 3 voicing)

Por fim, no drop 2 e 4, a segunda *e* a quarta nota mais alta são rebaixadas em uma oitava.

Exemplo 1d:

Cmaj7

(Drop 2+4)

No exemplo 1d, tanto o Sol quanto o Dó são rebaixados em uma oitava para formar uma nova voz para o acorde Cmaj7.

Drop 2, drop 3 e drop 2-4 são estruturas utilizadas com frequência na música. Uma grande parcela deste livro falará sobre como explorar formas práticas de aplicá-las à guitarra.

Há outro ponto essencial que você deve compreender antes de vermos como aplicar essas vozes na guitarra. É o conceito de *inversões*.

Quando a nota tônica do acorde é tocada na corda grave, diz-se que essa voz está na *posição tônica*. No contexto de um acorde Cmaj7, isso significa que a nota tônica do acorde (Dó) é a nota grave (baixo) na voz.

Veja duas formas de tocar um acorde Cmaj7 na posição tônica:

Exemplo 1e:

Ambos os acordes do exemplo acima são Cmaj7 na posição tônica (eles também calham de ser vozes próximas, ou seja, em posição fechada).

Para criar uma inversão do acorde, nós simplesmente aumentamos a nota mais baixa do acorde em uma oitava. Ao fazer isso, nós estamos colocando a *terça* do acorde (E) como baixo.

Exemplo 1f:

Mais uma vez, não se preocupe muito em tocar essas ideias na guitarra, apenas se concentre em aprender o conceito. Essas vozes em particular são um pouco difíceis de se tocar na guitarra, e também não são muito úteis. Você aprenderá meios de torná-las úteis no próximo capítulo.

O segundo acorde do exemplo anterior é chamado de *primeira inversão*. Esse acorde foi invertido quando aumentamos o baixo original em uma oitava, deixando a terça do acorde (Mi) como nota mais grave.

Nós podemos repetir o mesmo processo de aumentar a nota do baixo para criar uma segunda e uma terceira inversão de acordes.

O exemplo a seguir mostra como um acorde na posição tônica se torna uma primeira, segunda e terceira inversão quando aumentamos o baixo uma oitava de cada vez.

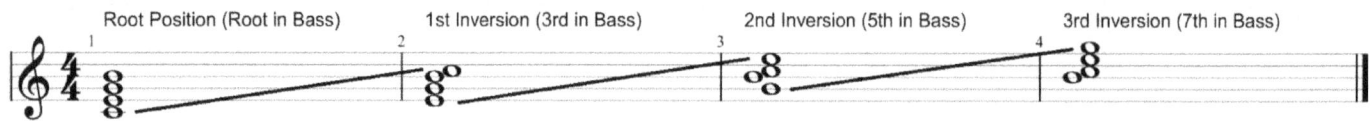

Mesmo que você não seja muito bom em ler música na partitura, tire algum tempo para estudar o diagrama acima. O acorde começa na posição tônica com a nota tônica do acorde (Dó) sendo o baixo. No segundo acorde, o baixo é aumentado em uma oitava, então a terça do acorde (Mi) se torna o baixo. No terceiro acorde, o baixo (Mi) é aumentado novamente, então a quinta do acorde (Sol) se torna o novo baixo. Por fim, no quarto acorde, o baixo é novamente aumentado em uma oitava, então a sétima do acorde (Si) se torna o novo baixo.

Se eu fosse repetir esse processo mais uma vez, você consegue perceber que o acorde retornaria à posição tônica? Seria o mesmo acorde que o do exemplo 1e.

Esse conceito de inversões é extremamente importante porque nos permite criar quatro vozes para qualquer acorde de quatro notas.

Quaisquer das três estruturas *drop* que vimos mais acima pode ser tocada em quatro inversões. Se você considerar que muitas das *drop voicings* podem ser tocadas em diferentes conjuntos de cordas, e que há quatro tipos principais de acordes (Maj7, min7, 7 e m7b5), você pode perceber rapidamente que podemos ficar inundados em um grande espectro de vozes e oportunidades melódicas.

Mas não se desespere! Este livro discute todas essas oportunidades de uma forma organizada e contextualizada. Nós examinaremos como cada uma das vozes pode ser melhor usada musicalmente, e como desenvolver "licks de acordes" que abrangem uma grande variedade de progressões tradicionais.

Se você realmente quer desenvolver o seu conhecimento de guitarra rítmica e trabalhar para dominar o seu instrumento, esse tipo de estudo é fundamental. Quando abordado da melhor forma, esse tipo de treinamento não é tão complexo quanta parece, e é um jeito divertido e recompensante de estudar a guitarra. Também é extremamente expressivo, musical e *impressionante!*

Você já deve ter escutado a frase "aprenda a teoria e então esqueça!" É exatamente isso que eu quero que você faça agora.

Tudo o que você precisa saber é que as estruturas *drop* nos permitem organizar um acorde de diferentes formas, e *inversões* são, simplesmente, vozes de acordes com uma nota diferente no baixo.

Nós começaremos examinando e aplicando musicalmente as vozes "drop 2" de guitarra mais tradicionais.

Capítulo Dois: Vozes Drop 2 de Fm7

Vozes Drop 2 são umas das mais amplamente utilizadas na música moderna. São extremamente versáteis. Elas não são exclusivas de um único instrumento e podem ser tocadas em qualquer instrumento harmônico, ou "compartilhada" pelos instrumentos de sopro, metais e cordas.

Ao longo desta seção, nós dividiremos a guitarra em três grupos de cordas: 1ª (a "Mizinha") a 4ª (Ré); segunda a quinta e terceira a sexta.

Acordes Drop 2 são comumente tocados nos dois grupos com as cordas mais altas (1-4 e 2-5).

Nós começaremos aprendendo as quatro vozes para um acorde Fm7 drop 2 nas quatro cordas de cima. Preste bastante atenção em onde estão as notas tônicas (os pontos quadrados) nos diagramas a seguir. Ao saber onde estão as notas tônicas, será muito mais fácil para você transpor esses acordes para outros tons.

Exemplo 2a:

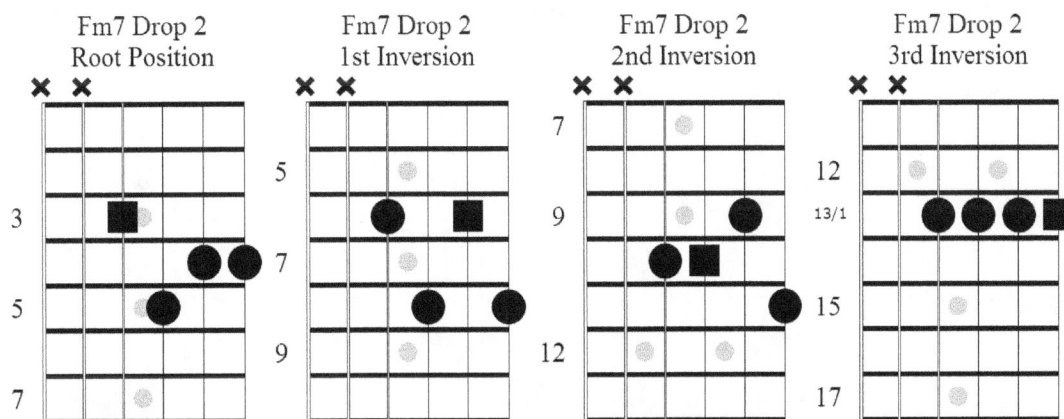

Comece tocando devagar pelas quatro vozes. Lembre-se que a última voz pode ser tocada tanto na 13ª quanto na 1ª casa.

Para ajudá-lo a memorizar os desenhos, pratique as seguintes ideias sobre a *backing traque 1*. Não se preocupe muito em tocar no ritmo certo, apenas trabalhe até conseguir fazer uma transição suave entre os quatro desenhos.

1) Suba e desça pelas quatro vozes. **Exemplo 2b:**

2) Praticando a troca entre pares de acordes. Por exemplo, entre a tônica e a primeira inversão ou entre a primeira e a segunda inversão de Fm7. **Exemplo 2c:**

3) Tente pular as inversões - toque tônica e segunda inversão e então primeira e quarta inversões. **Exemplo 2d:**

Por fim, tente simplesmente improvisar junto com a faixa de apoio 1, tocando cada voz quando quiser.

Como eu já falei antes, o segredo para usar essas vozes de uma forma efetiva é sempre saber onde estão as notas tônicas em cada voz. O diagrama a seguir mostra onde estão todas as notas Fá nas quatro cordas altas. Aprenda as suas vozes no contexto dessas notas tônicas.

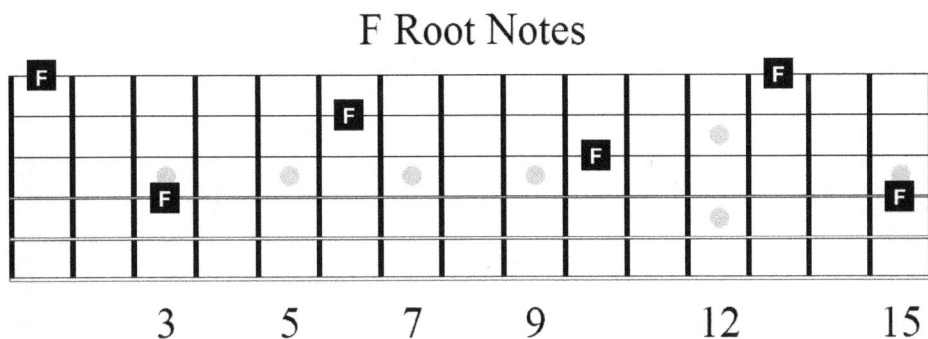

F Root Notes

Uma dica útil é escutar grandes pianistas como Bill Evans, Keith Jarrett e Bod Powell. Ouça como eles fraseiam os acordes de uma forma rítmica, especialmente quando estão fazendo o acompanhamento dos solos de outros músicos.

A próxima etapa para internalizar essas vozes é conectá-las, adicionando uma linha de *walking bass* entre as notas mais graves de cada acorde. Para fazer isso, nós iremos imaginar que estamos no tom de Fá Menor e usar a Escala Bebop de Fá Menor (ou Eólica) para "caminhar" por cada voz.

A Escala Bebop de Fá Menor pode ser tocada dessa forma na quarta corda da guitarra:

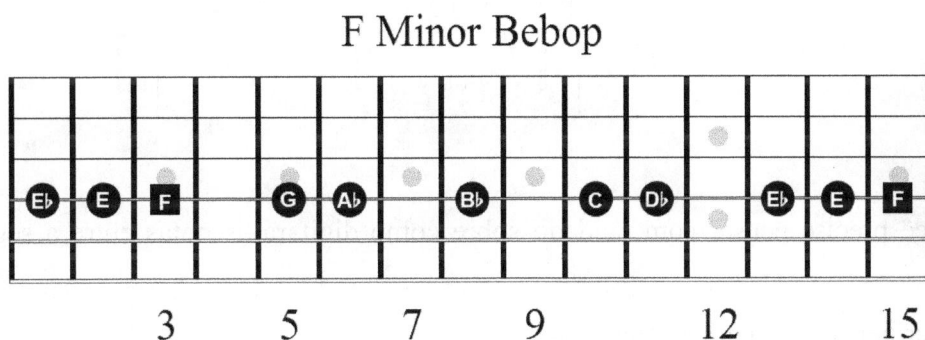

F Minor Bebop

Comece tocando a voz mais grave o possível do acorde Fm7:

Observe que a nota mais baixa dessa voz (Eb) pertence à Escala Bebop de Fá Menor que nós falamos ali em cima.

Toque o acorde acima no primeiro tempo do compasso, e no segundo tempo toque a nota seguinte da Escala Bebop de Fá Menor (E) antes de tocar a próxima voz disponível do acorde Fm7 no terceiro tempo.

Exemplo 2e:

Continue se deslocando entre as vozes de Fm7 conforme você for subindo pelo braço da guitarra como no exemplo acima. Há uma nota da escala entre cada voz do acorde. Aqui vai a sequência completa no sentido ascendente.

Exemplo 2f:

Pode ser que você precise pensar com cuidado sobre como digitará as notas entre a segunda e a terceira inversão do Fm7.

Agora tente descer pela escala com as quatro vozes.

Exemplo 2g:

Não se preocupe muito em tocar no ritmo no início; apenas tente tocar junto com os exemplos sem errar.

Conforme você for ganhando confiança, tente conectar os exemplos ascendentes e descendentes, sem lacunas entre eles.

Exemplo 2h:

Linhas de *walking bass* são um grande assunto por si só, e serão abordadas na Parte Três dessa série, quando abordarmos a técnica de *chord melody*. No contexto do aprendizado de vozes de acordes, porém, elas são uma ótima ferramenta musical. Elas lhe ajudarão a memorizar e formar vozes drop 2 de forma rápida e precisa.

Tenha em mente que o acorde Fm7 nem sempre será o acorde tônico em uma tonalidade. Por exemplo: ele pode ser o acorde ii no tom de Mi Bemol (Eb), e também pode ser o acorde vi no tom de Lá Bemol (Ab). Nessas circunstâncias, nós utilizaríamos escalas diferentes para criar a linha de *walking bass*. Nós geralmente utilizamos escalas que estejam fortemente relacionadas com o tom da progressão.

Neste livro, o acorde Fm7 sempre será o acorde tônico da progressão, a menos que esteja indicado o contrário.

Antes de seguirmos em frente, certifique-se de que você consegue formar essas vozes de acordes m7 em outros tons. Como já foi mencionado, conhecer cada acorde no contexto de sua nota tônica é o segredo para tocar todos eles em outros tons.

Aprenda as vozes de acordes menores com sétima (m7) nos seguintes tons:

1) Si Bemol Menor (Bbm)

2) Mi Bemol Menor (Ebm)

3) Dó Menor (Cm)

4) Sol Menor (Gm)

As notas tônicas são mostradas na página a seguir:

Bb Root Notes

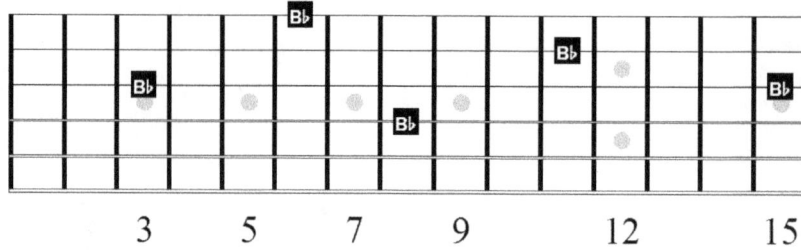

3 5 7 9 12 15

Eb Root Notes

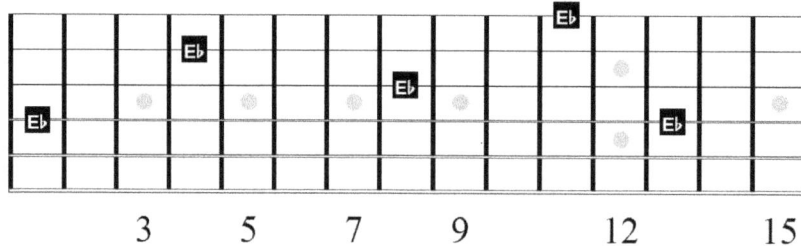

3 5 7 9 12 15

C Root Notes

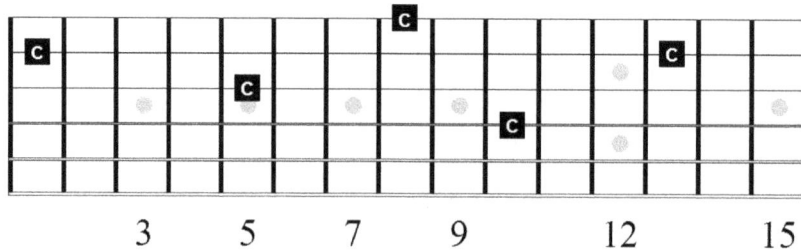

3 5 7 9 12 15

G Root Notes

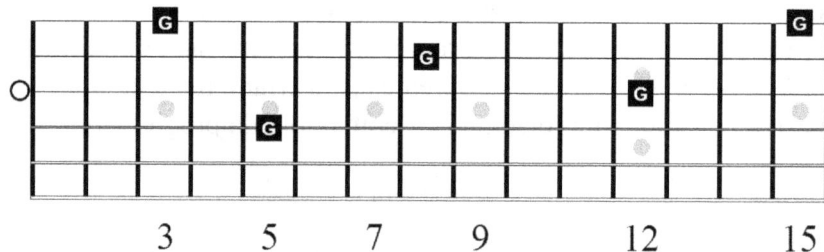

3 5 7 9 12 15

Pratique usar todas as técnicas da página 10 para ajudá-lo a internalizar os acordes. Tente, também, adicionar linhas de *walking bass* conforme você se movimente entre cada voz.

Além disso, você deveria dar uma olhada mais à frente, no capítulo 18, onde há exercícios baseados em outros ciclos musicais tradicionais. Esses exercícios são fundamentais para desenvolver sua habilidade, visão e criatividade como guitarrista. Os exercícios do capítulo 18 são desafiadores, mas são aqueles que lhe ajudarão a dominar qualquer tipo de acorde, voz ou inversão de forma rápida e maestral.

Aliás, depois de *cada* capítulo desse livro, pode ser uma boa ideia aplicar os exercícios do capítulo 18 a quaisquer novas vozes ou inversões.

A seguir, nós permaneceremos no grupo das quatro cordas altas, e analisaremos o acorde dominante de Fm7: C7.

Capítulo Três: Vozes Drop 2 Dominantes

Neste capítulo, nós exploraremos as inversões do acorde C7, tocado em uma voz drop 2, nas quatro cordas altas. O acorde dominante ("7") é extremamente comum no jazz e muitas vezes é alterado com *tensões cromáticas* (que nós discutiremos no capítulo 9). É essencial que você domine o acorde dominante antes de seguir em frente, pois trabalharemos bastante com ele mais à frente.

As quatro vozes drop 2 para o C7 são tocadas da forma a seguir. Lembre-se de prestar atenção às posições das notas tônicas em cada desenho.

Exemplo 3a:

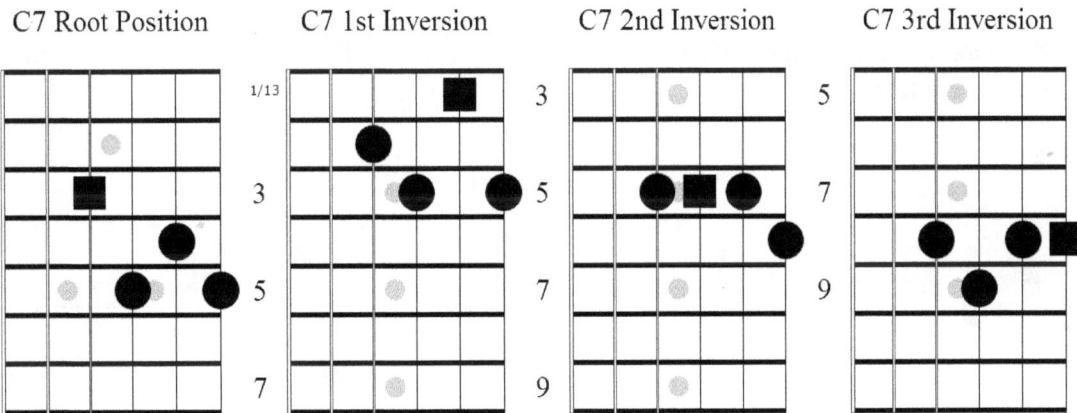

Ao tocar esses acordes de baixo para cima na guitarra, você tem mais ou menos o seguinte.

Exemplo 3b:

17

Repita os passos do capítulo 2 para memorizar e utilizar essas vozes.

1) Suba pelas vozes, tocando da mais baixa para a mais alta.

2) Desça, tocando da mais alta para a mais baixa.

3) Movimente-se entre pares de acordes, subindo ou descendo de forma gradual pelo braço da guitarra.

4) Pule acordes e toque vozes alternadas, subindo e descendo pelo braço (como no exemplo 2d).

5) Improvise sobre a backing track 2, que é um groove estático em C7.

6) Conecte todos os acordes com uma linha de *walking bass*.

Para a linha de *walking bass* eu sugeriria utilizar a escala Mixolídia Bebop de Dó (abaixo), embora isso possa mudar conforme o contexto.

Exemplo 3c:

C Mixolydian Bebop

Com uma linha de *walking bass,* as quatro vozes para o acorde C7 podem ser tocadas da seguinte maneira:

Exemplo 3d:

Mais uma vez, usar linhas de *walking bass* pode ser um pouco complicado, mas é muito efetivo. Comece tocando bem devagar, e não se preocupe em tocar no ritmo. Conforme você for melhorando, comece a usar um metrônomo e se concentre mais em tocar no tempo.

Quando estiver mais confiante com as conexões da linha de baixo, tente tocar as vozes dominantes utilizando Fá (F), Sol (G), Si Bemol (Bb) e Mi Bemol (Eb) como notas tônicas.

O próximo passo é aprender as vozes do acorde C7 em um contexto musical. Nós podemos fazer isso ao combiná-las com as vozes do acorde Fm7 que nós aprendemos no capítulo anterior.

A progressão V - I é o movimento mais comum na música. Ao conectar os acordes C7 e Fm7, nós dominaremos rapidamente alguns dos movimentos de acordes mais importantes da guitarra.

Para começar, encontre as vozes de C7 e Fm7 que estão mais próximas no braço da guitarra. Esses pares de acordes podem ser vistos nos seguintes exemplos:

Exemplo 3e:

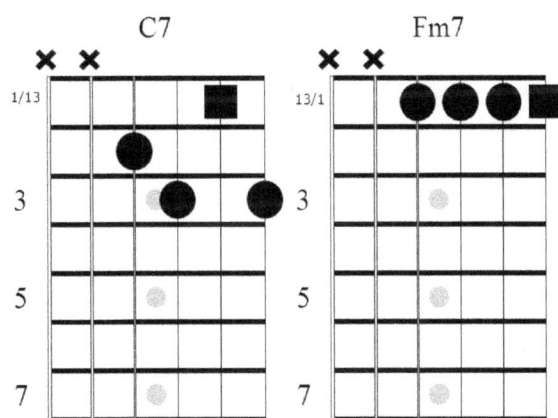

Exemplo 3f:

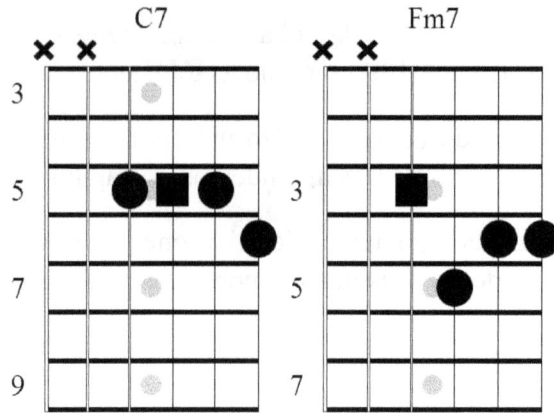

Exemplo 3g:

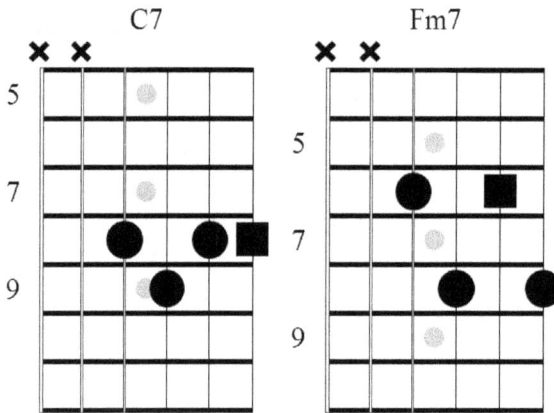

Exemplo 3h:

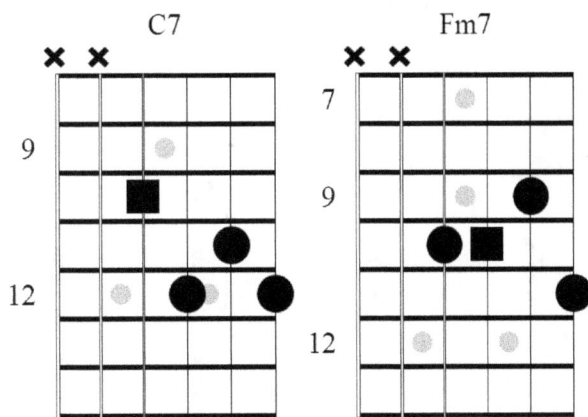

Tente conectar essas sequências de acordes em uma frase maior, que suba pelo braço da guitarra.

Exemplo 3i:

Ou desça.

Exemplo 3j:

Dessa vez, em vez de pensar em termos de proximidade dos pares de acordes, suba uma voz de cada vez para que a nota da melodia suba de tom onde for possível.

Exemplo 3k:

Por fim, inverta a ideia para que a melodia sempre desça quando for possível.

Exemplo 3l:

Você pode praticar todos os exemplos acima sobre a backing track 3, um *vamp* que repete o movimento C7-Fm7.

Como sempre, comece praticando essas ideias devagar, e certifique-se de que você memorizou completamente todas as quatro vozes de cada acorde drop 2 antes de tentar tocá-las em outros tons.

Toque as ideias mostradas nos exemplos 3i a 3l nos seguintes tons:

1) Bbm (F7 - Bbm7)

2) Ebm (Bb7 - Ebm7)

3) Cm (G7 - Cm7)

4) Gm (D7 - Gm7)

Tente utilizar essas progressões em alguns dos exercícios do capítulo 18.

Agora, nós já vimos diversas formas de tocar a progressão V-I menor usando acordes drop 2 nas quatro cordas altas. No próximo capítulo, nós conheceremos o acorde ii em um tom menor: o acorde m7b5.

Capítulo Quatro: Vozes Drop 2 no Acorde m7b5

Até agora nós já estudamos tanto o acorde tônico menor quanto o acorde dominante no tom de Fá Menor. Para ampliar essa progressão, nós iremos adicionar o acorde ii, Gm7b5, com o qual nós podemos formar a importante progressão ii-V-i.

As quatro vozes drop 2 para o acorde Gm7b5 são tocadas da seguinte forma: Lembre-se de prestar atenção às posições das notas tônicas em cada desenho.

Exemplo 4a:

Repita os passos a seguir para memorizar e internalizar o som dessas vozes.

1) Suba pelas vozes, tocando da mais baixa para a mais alta.

2) Desça, tocando da mais alta para a mais baixa.

3) Movimente-se entre pares de acordes, subindo ou descendo de forma gradual pelo braço da guitarra.

4) Pule acordes e toque vozes alternadas, subindo e descendo pelo braço (como no exemplo 2d).

5) Improvise sobre a backing track 4, um groove estático em Gm7b5.

6) Conecte todos os acordes com uma linha de *walking bass*.

Use a seguinte escala Lócria Bebop para conectar as vozes de cada acorde.

Exemplo 4b:

G Locrian Bebop

Com uma linha de *walking bass,* as quatro vozes do acorde Gm7b5 podem ser tocadas da seguinte maneira:

Exemplo 4c:

Lembre-se, usar linhas de *walking bass* é complicado, mas muito eficiente. Comece tocando bem devagar, e não se preocupe em tocar no ritmo. Conforme você for melhorando, comece a usar um metrônomo e se concentre mais em tocar no tempo, até que você consiga aumentar a velocidade do metrônomo e digitar os acordes com facilidade.

Quando estiver ainda mais confiante com as conexões da linha de *walking bass*, tente tocar as vozes m7b5 usando Eb, C, Bb e Db como notas tônicas.

Para reforçar essas vozes m7b5 e colocá-las em um contexto musical, nós iremos aprendê-las em conjunto com os acordes C7 e Fm7, que abordamos nos últimos dois capítulos.

Você deve se lembrar que uma das melhores formas de praticar esses acordes é encontrando o menor movimento possível entre as mudanças de acordes. Como você já dominou o movimento de C7 para Fm7 no capítulo anterior, não será difícil adicionar o acorde Gm7 para formar um movimento completo ii-V-i.

Para poupar espaço, as quatro sequências de acordes a seguir são combinadas em uma linha de notação:

Exemplo 4d:

Gm7b5   C7   Fm7

Exemplo 4e:

Gm7b5   C7   Fm7

Exemplo 4f:

Gm7b5   C7   Fm7

Exemplo 4g:

Exemplos 4d – 4g:

Essas ideias funcionam muito bem descendo pelo braço da guitarra:

Exemplo 4h:

Uma técnica muito eficaz é utilizar vozes que façam com que a nota da melodia na primeira corda suba com cada mudança de acorde. Ao começar a tocar em diferentes pontos do braço da guitarra, há pelo menos duas formas diferentes de alcançar uma melodia constantemente ascendente.

Exemplo 4i:

Exemplo 4j:

Pratique a mesma sequência de acordes; dessa vez, porém, tente encontrar formas de fazer com que a melodia na primeira corda *desça* em cada voz.

Você pode praticar a progressão ii-V-i desse capítulo com a backing track 5:

Você provavelmente já sabe que a progressão ii-V-i menor é utilizada com grande frequência no jazz. Ao dominar essas sequências tradicionais, você sempre terá recursos para tocar "licks de acordes" melódicos e interessantes. Dominar esses tipos de mudanças também é essencial para quando começarmos a inserir tensões cromáticas no acorde V. Isso será mostrado no capítulo 9.

Não se esqueça de praticar essas sequências em outros tons. Alguns tons bastante úteis para treiná-las são Bbm, Gm, Dm e Ebm. Tente utilizar essas progressões em alguns dos exercícios do capítulo 18.

Capítulo Cinco: Vozes Drop 2 de Acordes Maiores com Sétima

Até agora, nós vimos três dos quatro principais tipos de acordes com sétima na música moderna: m7, 7 (ou dominante) e m7b5. O último tipo de acorde que precisaremos examinar (por ora) é o acorde maior com sétima, ou acorde maj7. Continuando nossos trabalhos no tom de Fá Menor, aqui vai o acorde maj7 no sexto grau da escala: Dbmaj7.

Com o acorde Dbmaj7 na ponta de seus dedos, você será capaz de tocar uma outra progressão bastante comum: iim7b5 - V - I - bVI, que, no tom de Fá Menor, se torna Gm7b5 - C7 - Fm7 - Dbmaj7.

Como essa sequência de acordes usa todos os tipos de acordes com sétima, é um excelente exercício para aprender como todas essas vozes funcionam na guitarra.

Os quatro desenhos essenciais de vozes drop 2 para o acorde Dbmaj7 são os seguintes:

Exemplo 5a:

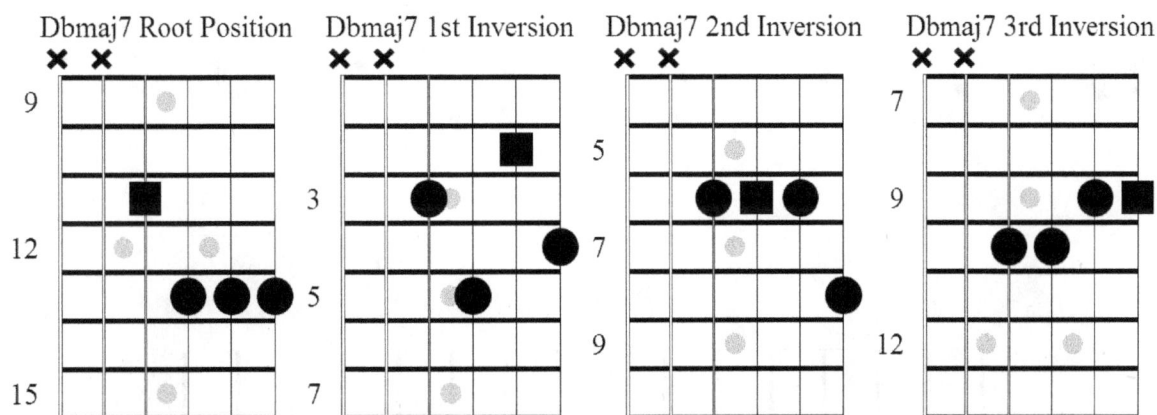

Eles podem ser reordenados das áreas baixas para as áreas altas da guitarra da seguinte maneira:

Exemplo 5b:

Como já vínhamos fazendo, repita os passos a seguir para memorizar e internalizar o som dessas vozes.

1) Suba pelas vozes, tocando da mais baixa para a mais alta.

2) Desça, tocando da mais alta para a mais baixa.

3) Movimente-se entre pares de acordes, subindo ou descendo de forma gradual pelo braço da guitarra.

4) Pule acordes e toque vozes alternadas, subindo e descendo pelo braço (como no exemplo 2d).

5) Improvise sobre a backing track 6, um groove estático em Dbmaj7.

6) Conecte todos os acordes com uma linha de *walking bass*.

Você pode usar a escala Maior de Ré Bemol (Db) para compor a linha de baixo, mas, nesse contexto, vai ser um pouco difícil. Isso porque há vozes que estão a apenas um semitom de distância entre a 7ª e a nota tônica.

Exemplo 5c:

Db Major

Estude o exemplo a seguir e observe como eu uso um padrão de *notas de abordagem* no baixo, para manter os acordes dentro do pulso do tempo.

Exemplo 5d:

Certifique-se de que você consegue tocar essas vozes nos tons de Bb, C, Eb, F e G. Lembre-se de ter certeza de onde a nota tônica está em cada desenho.

Bom, agora nós já abordamos os quatro principais tipos de acordes de sétima: maj7, m7, 7 e m7b5. Vamos combiná-los na seguinte sequência ii-V-i-VI: Gm7b5, C7, Fm7, Dbmaj7.

Comece encontrando o jeito mais próximo de ir de um acorde para o outro em cada posição do braço da guitarra. Abaixo, os exemplos a seguir são combinados em uma única linha de notação, para poupar espaço.

Exemplo 5e:

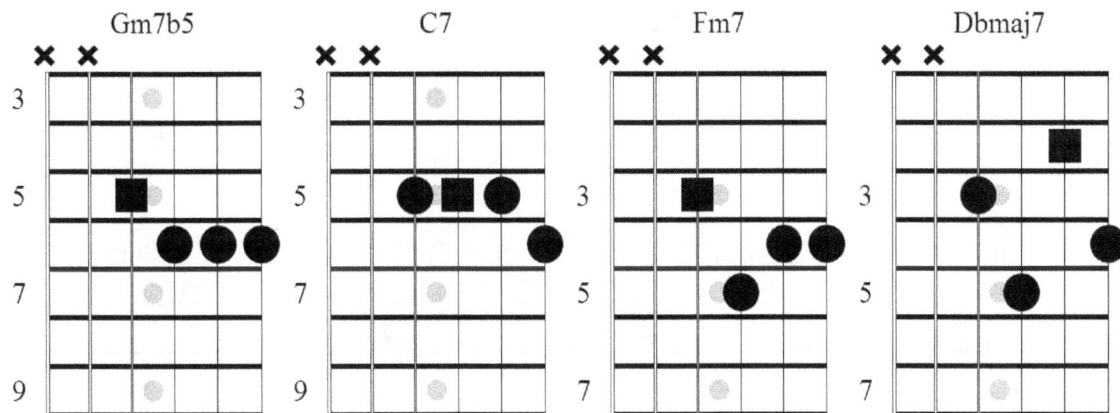

Exemplo 5f:

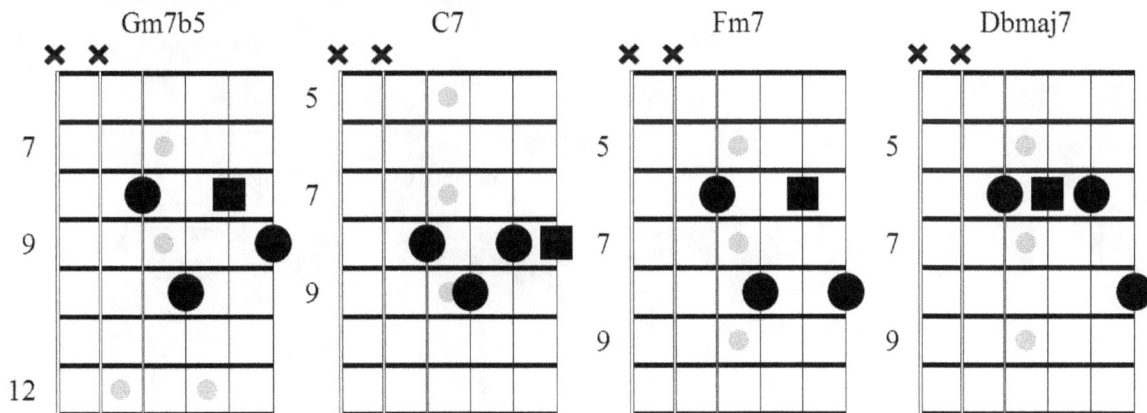

Exemplo 5g:

Gm7b5   C7   Fm7   Dbmaj7

Exemplo 5h:

Gm7b5   C7   Fm7   Dbmaj7

Exemplos 5e – 5h:

Gm7b5 C7 Fm7 Dbmaj7   Gm7b5 C7 Fm7 Dbmaj7

Gm7b5 C7 Fm7 Dbmaj7   Gm7b5 C7 Fm7 Dbmaj7

Observe que entre Fm7 e Dbmaj7 apenas uma nota é alterada.

Tente tocar essas sequências subindo e descendo pelo braço da guitarra. Você também pode praticar ideias onde você faz com que a nota da melodia na primeira corda suba ou desça em cada mudança de acorde.

Exemplo 5i:

Outra forma de abordar essa sequência pode ser tocar os dois primeiros acordes em uma "posição" e os outros dois acordes em uma posição mais baixa ou mais alta.

Exemplo 5j:

Por fim, tente tocar cada uma das quatro vozes de cada acorde em um compasso. Tente organizar a sua execução de forma que, em cada repetição, a mudança de acordes ocorra entre diferentes vozes.

Exemplo 5k:

Você pode praticar essa ideia com a backing track 7. Tente utilizar essas progressões em alguns dos exercícios do capítulo 18.

Capítulo Seis: Sequências de Acordes Drop 2

Até agora, nosso trabalho foi direcionado a construir a progressão ii-V-i-bVi menor (Gm7b5 - C7 - Fm7 - Dbmaj7). Porém, é claro que existem várias outras maneiras de utilizar esses quatro tipos de acordes.

A maioria dos *standards* de jazz são escritos quase que exclusivamente com os acordes maj7, m7, 7 e m7b5 que estudamos até agora. É claro que existem outros acordes que também são utilizados, mas ao se familiarizar com esses quatro principais pilares harmônicos, rapidamente você será capaz de navegar por qualquer conjunto de acordes que encontrar.

Para reforçar a sua compreensão e a sua fluência, estude os exemplos a seguir.

Nós começaremos harmonizando uma escala completa e utilizando vozes drop 2 para tocá-la. Estes são os acordes que são construídos em cada grau da escala Maior de Ré Bemol (Db):

Grau da Escala	I Maj7	iim7	iiim7	IVMaj7	V7	vim7	viim7b5
Exemplo em Ré Bemol	DbMaj7	Ebm7	Fm7	GbMaj7	Ab7	Bbm7	Cm7b5

Para começar, encontre a voz mais baixa de Dbmaj7 no braço da guitarra, e então vá subindo pela escala-acorde usando uma voz drop 2 de cada vez nas quatro cordas altas.

Exemplo 6a:

Observe que todas as vozes do exemplo anterior têm a nota tônica na segunda corda.

Db Major

Dessa vez, nós tocaremos a mesma escala harmonizada, mas usaremos uma voz diferente para cada acorde, para manter a nota tônica na primeira corda.

A nota mais baixa na primeira corda que está presente na escala Maior de Db é Fá (primeira casa).

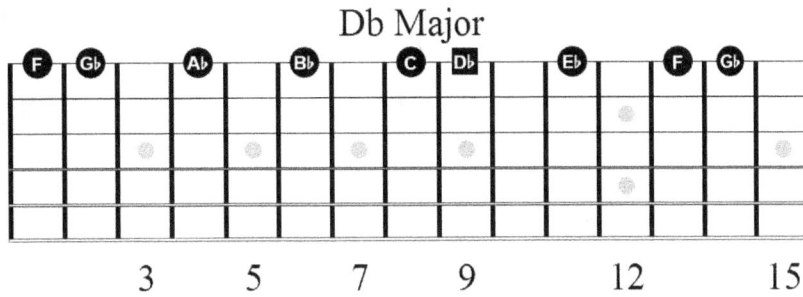

Db Major

Como nós queremos manter as notas tônicas de cada acorde na corda alta, nós tocaremos a mesma sequência de acordes, começando no acorde Fm7.

Exemplo 6b:

Agora comece a partir da voz drop 2 mais baixa disponível que tenha a nota tônica na terceira corda.

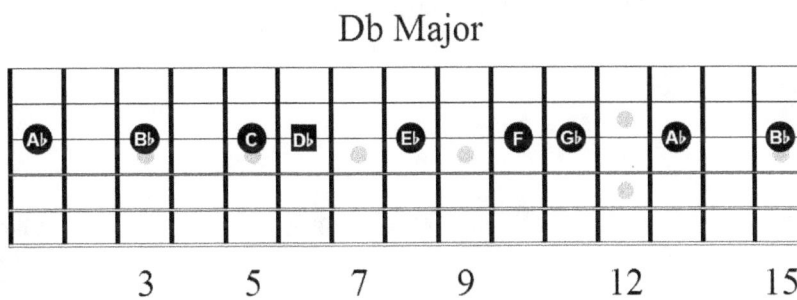

Db Major

Grau da Escala	I Maj7	iim7	iiim7	IVMaj7	**V7**	vim7	viim7b5
Exemplo em Ré Bemol	DbMaj7	Ebm7	Fm7	Gbm7	**Ab7**	Bbm7	Cm7b5

O acorde drop 2 mais baixo que podemos tocar com a nota tônica na terceira corda é Ab7. Suba por todos os acordes de Ré Bemol Maior usando acordes drop 2, mantendo a nota tônica de cada acorde na terceira corda.

Exemplo 6c:

Por fim, encontre o acorde drop 2 com a nota tônica mais baixa possível na *quarta* corda.

Db Major

Grau da Escala	I Maj7	**iim7**	iiim7	IVMaj7	V7	vim7	viim7b5
Exemplo em Ré Bemol	DbMaj7	**Ebm7**	Fm7	Gbm7	Ab7	Bbm7	Cm7b5

O acorde drop 2 mais baixo que você conseguirá tocar em Ré Bemol Maior com a tônica na quarta corda é Ebm7. Mais uma vez, toque a escala Maior de Db harmonizada em sétimas. Agora, cada acorde drop 2 tem a nota tônica na quarta corda.

Exemplo 6d:

Esses tipos de exercícios são extremamente úteis, e são usados com frequência na música. Eles devem ser praticados em tantos tons quanto seja possível, mas você pode priorizar os tons de C, Bb, Eb e F.

Os quatro exemplos anteriores demonstraram como subir por uma escala harmonizada usando acordes drop 2, posicionando suas notas tônicas nas quatro cordas altas. Assim que nós encontramos a voz drop 2 mais baixa para tocarmos, nós subimos pelo braço da guitarra utilizando vozes que mantenham a nota tônica na mesma corda.

Dessa vez, nós subiremos por uma escala harmonizada; mas manteremos nossa mão em apenas uma posição no braço da guitarra. Esse tipo de exercício realmente desafia o seu conhecimento do braço do instrumento! Para torná-lo ligeiramente mais fácil, vamos transpor o exercício para um tom mais fácil.

Dessa vez, tocaremos os acordes na escala harmonizada de Dó Maior:

Grau da Escala	I Maj7	iim7	iiim7	IVMaj7	V7	vim7	viim7b5
Exemplo em Dó Maior	CMaj7	Dm7	Em7	Fm7	G7	Am7	Bm7b5

Toque a escala harmonizada de Dó Maior usando acordes drop 2, mas certifique-se de que *cada* nota está contida entre a corda aberta e a quinta casa. É aceitável usar cordas abertas em vozes de acordes, e, às vezes, você terá mais de uma opção para cada acorde.

Exemplo 6e:

Repita esse exercício começando em vozes sucessivamente mais altas do acorde Cmaj7, e mantenha todas as suas vozes em um espaço de cinco casas. Como sempre, tente esse exercício em outros tons.

A seguir, nós estudaremos a sequência ii-V-i maior. Nós a utilizaremos para explorarmos extensões, substituições e alterações cromáticas de acordes drop 2.

Vamos continuar no tom de Dó Maior pela simplicidade. A progressão ii-V-I é formada pelos acordes

Dm7 - G7 - CMaj7.

Usando as vozes drop 2 que nós já estudamos, toque a sequência ii-V-I em todas as quatro posições.

Exemplo 6f:

Assim como as sequências menores ii-V-i e ii-V-i-bIV dos capítulos anteriores, pratique subir e descer pelo braço da guitarra com vozes drop 2 na sequência ii-V-I nas quatro cordas altas.

Você pode praticar com a backing track 8 para que consiga ouvir as suas ideias em contexto:

Não se esqueça de que você pode tocar essa sequência de acordes para que a melodia na corda alta possa subir ou descer. Este é um jeito de fazer isso:

Exemplo 6g:

Se você estiver se sentindo aventureiro, você pode inserir um acorde VI à progressão ii-V-I. Você pode tocá-lo como m7 ou 7. No tom de Dó, a progressão ii-V-I-VI ficaria Dm7-G7-Cmaj7-Am7 (ou A7).

Passe tanto tempo quanto puder internalizando as progressões desse capítulo. Tente trabalhar em um tom novo a cada dia. Preste bastante atenção, particularmente, às posições das notas tônicas em cada voz.

No próximo capítulo, nós aprenderemos como podemos criar, com grande facilidade, acordes com extensões naturais, usando essas estruturas de acordes de sétima em vozes drop 2.

Capítulo Sete: Inserindo Nonas Naturais aos Acordes

Quando estamos tocando guitarra rítmica (base), é importante saber que só porque um símbolo de acorde (como Cmaj7) está escrito, isso não significa, necessariamente, que Cmaj7 é o *único* acorde que nós podemos tocar naquele ponto. Muitas vezes, nós podemos fazer uma simples substituição, tocando, por exemplo, Cmaj9. Nós precisamos estar cientes de que Cmaj9 possui uma textura mais rica do que Cmaj7; mas, em termos de função harmônica, Cmaj9 é "irmão" do Cmaj7. Se você tiver qualquer problema em tocar um acorde com 9ª, os seus ouvidos irão rapidamente te dizer!

Nós podemos dizer que qualquer acorde de sétima (maj7, m7, 7 ou m7b5) pode ser substituído por um acorde de 9ª. Você pode ter alguns problemas com a voz m7b5, dependendo de qual escala ela deriva (se da escala Maior ou da escala Menor Harmônica/Melódica). Hoje em dia, porém, o m9b5 é uma textura comum na música, então deixe os seus ouvidos assumirem o papel de juiz dessa sonoridade.

Você deve se lembrar da lição da Parte Um que diz que a tônica do acorde não é uma nota essencial em uma voz de acorde. Isso se aplica, especialmente, se estivermos em uma situação onde há um baixista, pianista ou organista tocando as notas tônicas do acorde. Se eles estão tomando conta das tônicas, isso nos permite tocar harmonias mais ricas que não incluem a nota tônica.

O jeito mais fácil de criar um acorde de 9ª é simples: basta subir a tônica do nosso acorde em um tom. Por exemplo: ao pegarmos a seguinte voz de Cmaj7 e subir a tônica em um tom, eu criei um acorde Cmaj9 sem a nota tônica. **Exemplo 7a:**

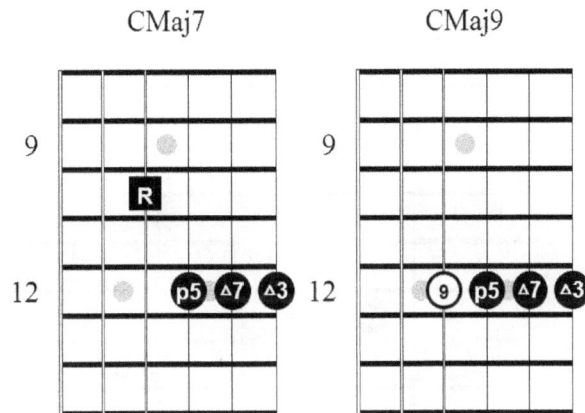

Esse princípio pode ser aplicado a qualquer voz do acorde Cmaj7 e a qualquer acorde de sétima.

CMaj7 CMaj9

CMaj7 CMaj9

CMaj7 CMaj9

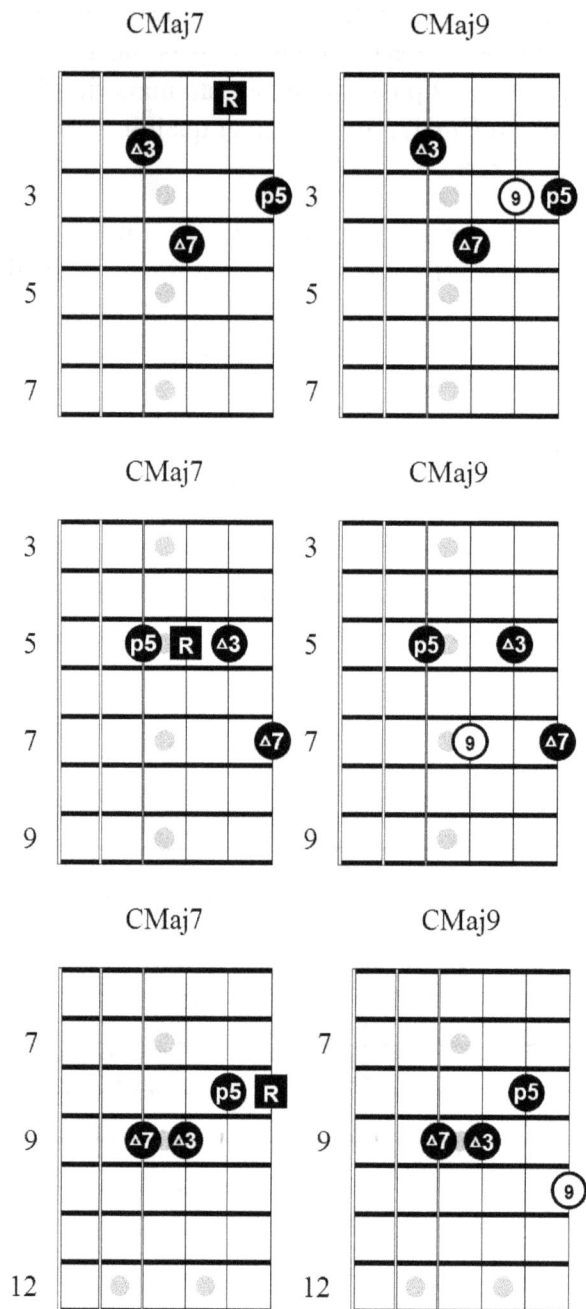

Talvez você consiga reconhecer todos os desenhos de acordes no lado da mão direita dos exemplos anteriores como vozes *m7*. Isso foi debatido previamente na Parte Um dessa série de livros, no contexto das *substituições*.

As notas do acorde Cmaj7 são *C E G B D.*

As notas do acorde Em7 são E G B D.

O acorde Em7 pode ser enxergado como um acorde Cmaj9 sem tônica. Muitos músicos costumam tocar um acorde Em7 ao invés de um acorde Cmaj7, para criar uma harmonia Cmaj9.

Esse conceito pode ser resumido pela seguinte regra:

Qualquer acorde maj7 pode ser substituído por um acorde m7 que tenha sido construído a partir da terça do acorde original. Isso cria um acorde maj9.

Por exemplo: em vez de Gmaj7, você poderia tocar Bm7, criando um som Gmaj9.

Ao invés de Dmaj7, você poderia tocar F#m7, criando um som Dmaj9.

Isso pode parecer complicado no início, mas praticando os exercícios corretos você rapidamente começará a enxergar oportunidades de substituição com grande facilidade. Isso se tornará uma parte dos seus "licks de acordes". Para incorporar essas ideias à sua técnica, pratique o exercício a seguir.

Toque uma progressão ii-V-I maior em Dó, mas ao invés de tocar o acorde Cmaj7 na tônica, suba essa tônica em um tom, tocando um acorde Cmaj9. Tente visualizar o novo acorde *tanto* como um Cmaj7 com a tônica aumentada *quanto* como uma voz de Em7. Pratique esse conceito sobre a backing track 8 para que você possa ouvir como a inserção da 9ª afeta o som.

Backing track 8:

Exemplo 7c:

Observe como a voz foi alterada nas sequências anteriores. Apenas uma nota foi alterada entre os acordes G7 e Cmaj7. Ao desenvolver o nosso conhecimento de substituições, nós podemos criar linhas de acordes melódicas e fluídas com bastante facilidade.

Acordes "9"

A ideia de que nós podemos aumentar a tônica do acorde para transformá-lo em um acorde "9" pode ser aplicada a praticamente qualquer tipo de acorde.

Para criar um acorde dominante 9, nós podemos aumentar a nota tônica do acorde dominante (7) em um tom.

Exemplo 7d:

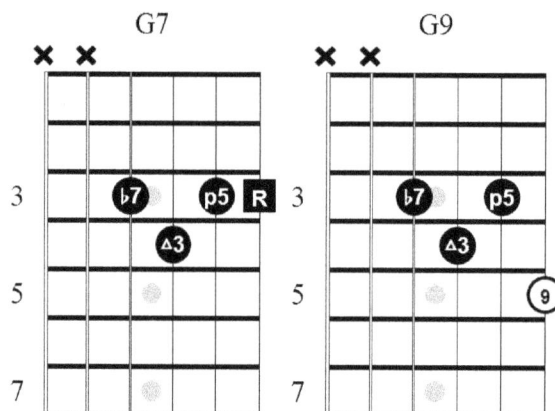

Todas as quatro vozes do acorde G7 podem ser manuseadas dessa forma. Elas são tocadas da seguinte forma:

Exemplo 7e:

Como você deve ter observado, ao subir a tônica do acorde dominante em um tom, nós criamos um acorde m7b5 construído a partir da terça do acorde original. Todos os acordes G9 do exemplo anterior também podem ser enxergados como acordes Bm7b5.

Tente tocar a progressão ii-V-I novamente, mas substituindo todos os acordes G7 por um acorde G9.

Exemplo 7f:

É claro que não precisaríamos falar que qualquer acorde Cmaj7 dessa progressão pode ser substituído por um acorde Cmaj9.

Trabalhe novamente o exercício anterior, utilizando acordes Cmaj9.

Exemplo 7g:

Conforme você progrida através dessas ideias, você encontrará várias novas formas de tocar a sequência ii-V-I. O meu conselho é que você simplesmente encontre "caminhos" através das mudanças de acordes, memorizando-os como licks de acordes para que você sempre tenha algo no jeito para tocar. Conforme você ganhar mais experiência, você será capaz de improvisar com esses diferentes tipos de vozes, e conseguirá tocar com mais liberdade.

Acordes m9

O acorde m7 também pode ser transformado em um acorde m9 com o simples aumento da tônica em um tom.

Exemplo 7h:

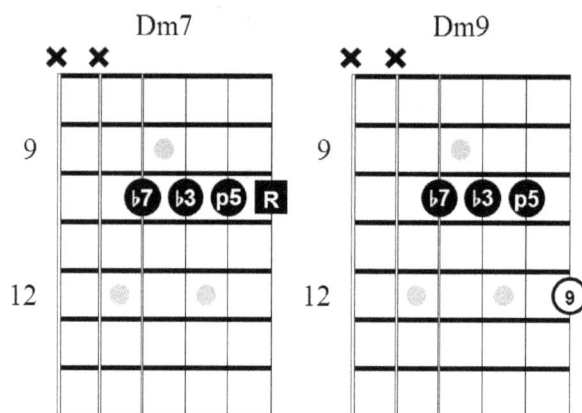

As quatro vozes de Dm7 podem se transformar em acordes m9 da seguinte maneira:

Exemplo 7i:

Como você pode ver, ao aumentarmos a tônica do acorde m7, nós criamos um acorde maj7 construído sobre a terça do acorde original. Nos exemplos anteriores, você pode perceber que o acorde Dm9 pode ser enxergado como um acorde Fmaj7 sem a tônica.

Mais uma vez, retorne à progressão ii-V-I e toque acordes Dm9 no lugar de cada acorde Dm7.

Exemplo 7j:

Dm9   G7   Cmaj7   Dm9   G7   Cmaj7

```
    5   3   3        8   7   7
    5   3   1        6   6   5
    5   4   4        9   7   5
    3   3   2        7   5   5
```

Dm9   G7   Cmaj7   Dm9   G7   Cmaj7

```
   12  10   8       13  13  12
   10   8   8       13  12  12
   10  10   9       14  12  12
   10   9   9       14  12  10
```

Agora você tem duas opções para cada acorde: você pode tocar uma voz de 7ª ou uma voz de 9ª.

Veja de quantas formas você consegue combinar essas texturas. Tente ir subindo e descendo pelo braço da guitarra, ou tente se fixar em apenas uma posição. Veja uma forma de tocar a sequência ao redor da área da quinta casa:

Exemplo 7k:

Dm9   G7   Cmaj7   Dm9   G7   Cmaj7

```
    5   5   3        5   5   3
    3   3   3        5   3   1
    5   4   4        5   4   4
    3   3   2        3   3   2
```

Tente experimentar dessa forma em todas as áreas do braço da guitarra.

Acordes m7b5b9

O acorde m7b5 costuma ser visualizado como se fosse construído sobre a sétima nota da escala Maior. O conceito pode ser visto na seguinte tabela:

Grau da Escala	I Maj7	iim7	**iiim7**	IVMaj7	V7	vim7	**viim7b5**
Exemplo em Dó Maior	CMaj7	Dm7	**Em7**	Fm7	G7	Am7	**Bm7b5**

Quando o acorde m7b5 é ampliado para se tornar um acorde de 9ª, é importante observar que a extensão correta, nesse contexto, é uma *b9*, e não uma 9ª natural. Isso ocorre em virtude da distância da sétima para a oitava nota da escala Maior, que é de um *semitom*.

Um intervalo b9 é formado quando a distância entre a tônica do acorde e o intervalo de 9ª corresponde a uma oitava mais um semitom.

Um intervalo de 9ª natural é formado quando a distância entre a tônica do acorde e a 9ª corresponde a uma oitava mais um tom.

Na hipótese onde o acorde Bm7b5 funciona como o acorde vii de Dó Maior, a nota Dó está apenas um semitom acima da nota Si. Isso forma um intervalo b9.

Outra importante posição onde o intervalo b9 ocorre é no acorde iii da escala Maior. Isso corresponderia, no tom de Dó, ao acorde Em7. Como a distância entre Mi e Fá (a 9ª de Mi) também é de um semitom, então o acorde iii na escala Maior de Dó será "corretamente" harmonizado para Em7b9.

Porém, o acorde m7b5 também ocorre na harmonização das escalas Menor Melódica e Harmônica. Nessas situações, ele é harmonizado e se torna um acorde m9b5 (ou, em outras palavras, um acorde m7b5 com o acréscimo de uma 9ª *natural*, que representa uma oitava e um tom acima da tônica).

Para resumir, o acorde m7b5b9 é um acorde m7b5 com o acréscimo de um intervalo de 9ª que esteja um *semitom* acima da tônica.

Um acorde m9b5 é um acorde m7b5 com o acréscimo de um intervalo de 9ª que esteja um *tom* acima da tônica.

Essa informação pode parecer assustadora no começo, principalmente se você analisá-la no contexto de aprender múltiplas vozes para cada acorde. Assustador, não é?

Porém, como eu mencionei na introdução, algumas vozes de acordes simplesmente não são prioridades para aprendermos agora, e essas vozes m7b5b9 e m9b5 estão bem no final na ordem de importância.

O meu conselho é: É possível que você *nunca* se depare com uma situação na qual será essencial tocar um acorde m7b5b9 ou m9b5. Se você trombar com esses acordes, você *sempre* poderá tocar um simples acorde m7b5 e soar perfeitamente musical.

Evidentemente, se você souber onde está a tônica do acorde m7b5, você poderá simplesmente levantá-la em um semitom ou tom para obter a harmonia desejada.

Nós já conhecemos as vozes do acorde Gm7b5, então vamos examinar um desses desenhos novamente, com os intervalos marcados.

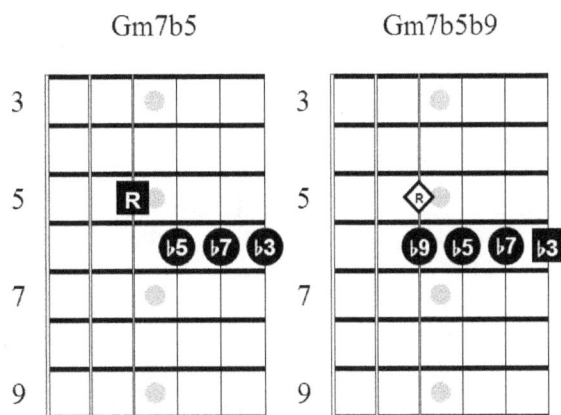

Gm7b5   Gm7b5b9

Espero que você consiga perceber, imediatamente, que ao aumentar a tônica do acorde m7b5 em um semitom, nós criamos uma voz m7 com facilidade, construída sobre o intervalo b3 do acorde m7b5. Nesse caso, a substituição é Bbm7 no lugar de Gm7b5b9.

As ideias anteriores podem ser resumidas da seguinte forma:

Qualquer acorde m7b5 pode ser substituído por um acorde m7 construído sobre o intervalo b3 do acorde original, para criar um acorde m7b5b9.

As três inversões remanescentes do acorde m7b5b7 podem ser vistas abaixo.

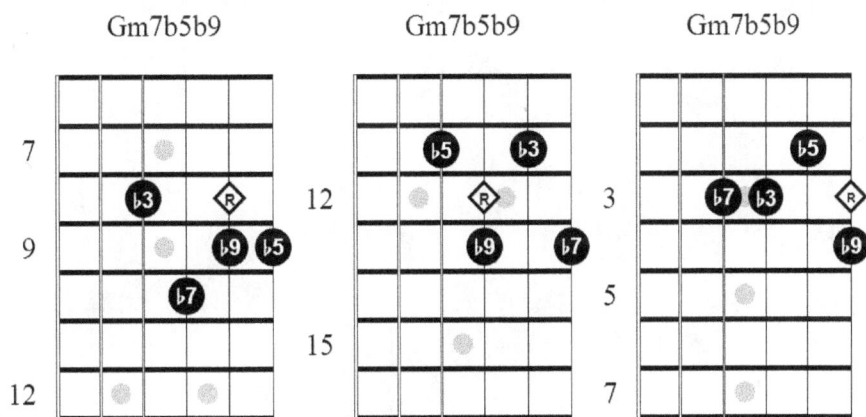

Gm7b5b9   Gm7b5b9   Gm7b5b9

Toque a sequência a seguir, substituindo cada voz m7b5 por um acorde m7b5b9. Tente tocar essa ideia sobre a backing track 4, que é um vamp sobre Gm7b5.

Exemplo 7l:

O acorde m7b5b9 pode, quase sempre, ser utilizado no lugar do acorde m7b5, mas você precisa ter cuidado uma vez que, em certas ocasiões, o acorde ideal pode ser um m9b5. Os seus ouvidos irão rapidamente alertá-lo sobre essas circunstâncias, embora deva ser dito que o acorde m9b5 possui uma sonoridade mais moderna e alternativa.

Por ora, pratique o acorde m7b5b9 no contexto de uma progressão ii-V-i menor. Toque a sequência a seguir, primeiro com um acorde m7b5 e, então, com um acorde m7b5b9 (em outras palavras, um acorde m7 construído a partir do intervalo b3). Use a backing track 5 para ajudá-lo a ouvir essas vozes em contexto.

As mudanças de acorde são tocadas em metade da frequência dos exemplos a seguir.

Exemplo 7m:

Certifique-se de que você consegue tocar essa sequência descendo pelo braço da guitarra - e, também, em outros tons.

Exemplo 7n:

Não se esqueça, também, de que você pode tocar os acordes C9 ou Fm9 ao invés de C7 e Fm7.

Exemplo 7o:

Quando você tiver passado pelo capítulo 9, você também será capaz de inserir alterações cromáticas ao acorde C7.

Você também pode misturar as vozes de forma que você não esteja sempre subindo ou descendo pelo braço da guitarra. Esse tipo de exercício lhe dará um controle maior sobre a melodia criada na nota mais alta de cada voz.

Exemplo 7p:

Capítulo Oito: Inserindo Outras Extensões Diatônicas

Na Parte Um de "Acordes de Guitarra Contextualizados", as extensões disponíveis para cada tipo de acorde foram discutidas detalhadamente. Um jeito rápido de inserir uma extensão diatônica a um acorde drop 2 é aumentando ou diminuindo o intervalo de 5ª.

Para criar um acorde "11", nós podemos diminuir a 5ª em um tom, e para criar um acorde "13", podemos aumentá-la em um tom. Nem toda voz para cada tipo de acorde permite que essa técnica seja aplicada com uma digitação fácil. Porém, quando combinada com ideias de substituição, esse tipo de extensão diatônica de uma voz "7" pode ser uma área de estudo bastante valiosa.

Estude a seguinte voz do acorde Dm7. O intervalo de cada nota é indicado.

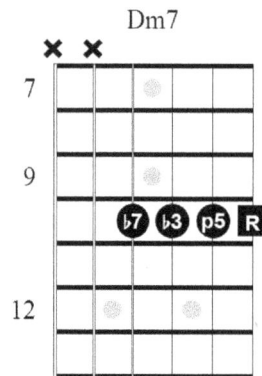

Como você pode ver, a 5ª do acorde Dm7 (A) se encontra na 2ª corda. Se eu quisesse criar um acorde m11, bastaria diminuir a 5ª em um tom. Para criar um acorde m13, eu a aumentaria em um tom. Você deve se lembrar que é comum incluir extensões mais baixas de um acorde ampliado: Por exemplo, é bastante comum incluir uma 9ª em um acorde 13. Essas ideias são mostradas aqui.

Exemplo 8a:

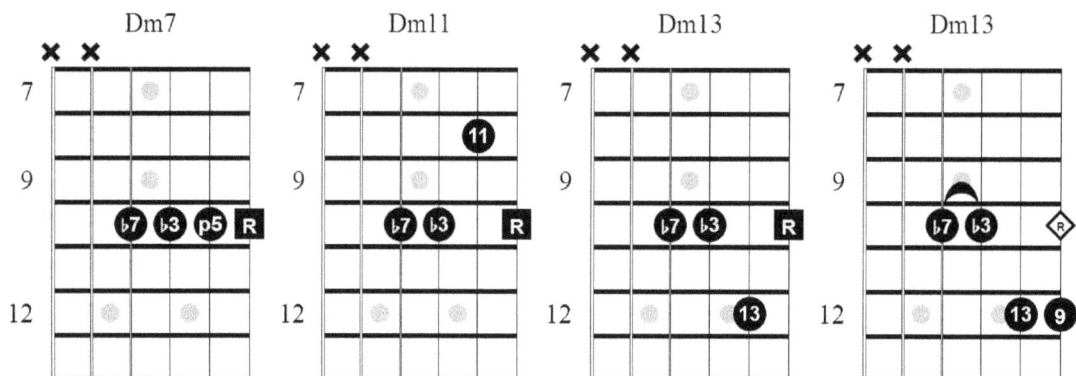

Experimente com essas ideias de vozes usando a backing track 9, um vamp em Dm7. Tente ouvir e sentir o efeito que a inserção de 9s, 11s e 13s pode causar à textura da harmonia.

Infelizmente, não há espaço suficiente neste livro para detalhar todas as possíveis formas de ampliar cada tipo de acorde de sétima que abordamos até agora. Entretanto, aqui vão as quatro vozes completas para cada acorde, com a indicação dos intervalos. Se você seguir os conceitos descritos até aqui, será bem simples e intuitivo criar qualquer tipo de extensão de acorde alterando apenas uma ou duas notas.

Lembre-se: nem toda voz é fácil de ser ajustada. Muitas vezes, ao aumentarmos a quinta do acorde, o acorde pode se tornar bem amplo, ou simplesmente intocável. O meu conselho é que você trabalhe apenas com as vozes mais fáceis, uma vez que há diversas outras formas de criar acordes ampliados utilizando substituições.

Observe que é incomum inserir um intervalo de 11ª a um acorde Maj7, em virtude do conflito entre a 3ª e a 11ª.

Capítulo Nove: Alterando Acordes Dominantes

Acordes dominantes alterados são criados com a adição de uma *tensão cromática* ao acorde "7". As tensões são adicionadas tanto pela alteração de uma ou mais notas do acorde dominante ou pela utilização de uma substituição. Esse capítulo aborda a ideia de alterar as estruturas existentes de acordes drop 2. Na música, especialmente no jazz e no fusion, tensões cromáticas podem ser adicionadas a praticamente qualquer acorde dominante funcional (os que resolvem a progressão).

Conforme você aprendeu no primeiro livro desta série, há apenas quatro tipos de tensões que podem ser adicionadas a um acorde dominante: b5, #5, b9 e #9. Nós podemos nos referir a algumas dessas tensões como *enarmônicas* (significa que elas possuem dois nomes). Uma b5 pode ser escrita como #11, e uma #5 pode ser escrita como b13. Para os nossos fins, esses são os mesmos intervalos.

Para refrescar a nossa memória, dê uma olhada em como esse acorde com 9ª dominante pode ser alterado para incluir qualquer combinação de tensões que nós quisermos.

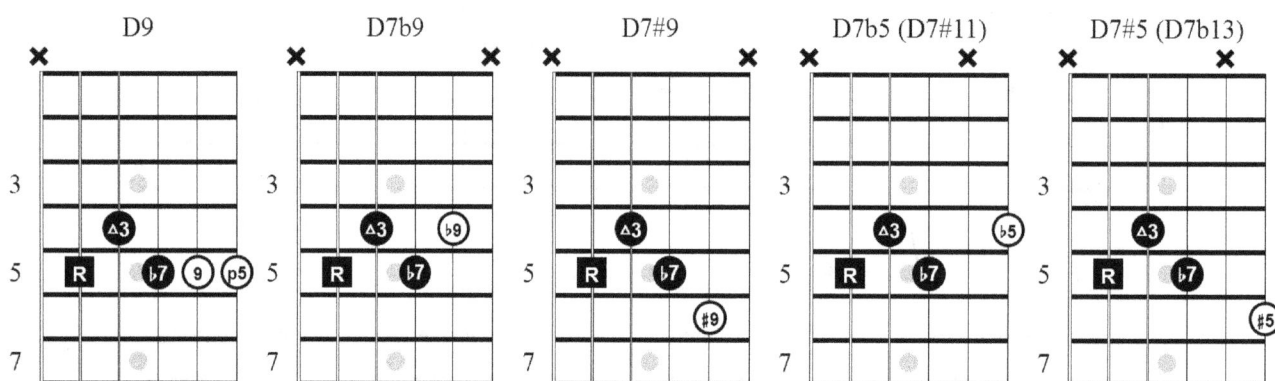

As vozes drop 2 de acordes "7" que nós estudamos até agora podem ser abordadas da mesma forma.

No capítulo anterior, nós aprendemos que podemos criar um acorde "9" aumentando a tônica de um acorde "7" em um tom. Isso nos dá quatro vozes drop 2 que podemos usar para criar acordes cromaticamente alterados.

A chave para ser capaz de alterar rapidamente os acordes é entender onde cada intervalo está no braço da guitarra.

Por exemplo: no acorde "9" a seguir, os intervalos estão localizados da seguinte forma. A nota tônica é exibida em formato de diamante para sua referência:

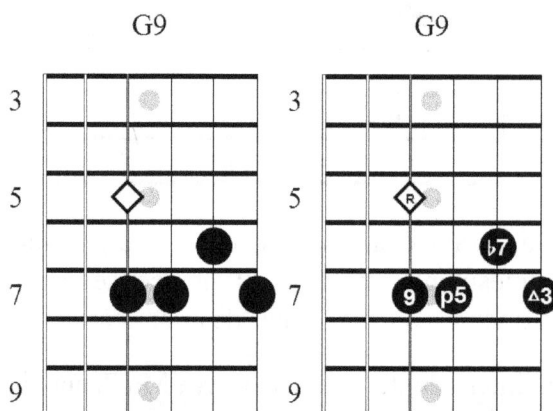

Ao simplesmente movermos a 5ª ou a 9ª um semitom para cima ou para baixo, nós podemos criar qualquer acorde dominante sem tônica, cromaticamente alterado. Toque o exercício a seguir para entender como isso funciona.

Exemplo 9a:

É claro que todas essas permutações são demais para você memorizar. O meu conselho é que você pegue apenas uma ou duas vozes e as trabalhe no contexto de uma progressão ii-V7-i ou i-VI7-ii-V7. Tente encontrar algumas vozes cujo som você goste e que sirvam de condução. Não seja muito rápido em descartar uma tensão que você não goste de imediato. O uso bem-sucedido dessas tensões alteradas muitas vezes depende bastante do contexto e das vozes que estão imediatamente antes e depois.

Pode ser uma boa ideia começar a sua investigação com a progressão ii-V-I (Dm7-G7-CMaj7), uma vez que ela inclui apenas um acorde dominante para você trabalhar.

Na progressão I-VI7-ii-V7 (Cmaj7-A7-Dm7-G7), você pode utilizar acordes dominantes alterados tanto no V quanto no VI (A7 e G7).

Aqui vão algumas ideias para você começar.

Exemplo 9b:

Exemplo 9c:

Exemplo 9d:

Como você pode ver nos exemplos 9c e 9d, eu também inseri alterações cromáticas à voz A7. Uma vez que você consiga enxergar qualquer voz dominante "7" considerando a posição dos intervalos no braço da guitarra, será fácil entender como inserir as tensões.

Aqui vão as quatro vozes drop 2 de acordes dominantes "7", com seus intervalos e alterações disponíveis.

Toque a progressão ii-V-I maior em cada posição na guitarra, e insira uma ou duas alterações cromáticas disponíveis ao acorde G7. Nem toda alteração será conveniente em cada posição, então fique com aquelas mais fáceis de tocar. Você pode combinar tensões naturais e alteradas, como G9b5, ou usar apenas uma, como G7#5 ou G7#9.

Conforme você for ganhando confiança, comece a incluir acordes como Cmaj7, Cmaj9, Dm7, Dm9, Dm11 e Dm13.

Quando estiver confortável com o ii-V-I maior, tente inserir o acorde VI (A7), como no exemplo 9c. Você também pode experimentar com um ii-V-i menor. No tom de Dó, ficaria Dm7b5, G7 e Cm7.

Você começará a ouvir que certas tensões no acorde dominante tendem a levar a notas diferentes. Por exemplo: um #5 no dominante acorde geralmente pede uma resolução menor, como G7#5-Cm7.

Exemplo 9e:

Também é possível criar sequências longas e interessantes de acordes que sobem e descem pelo braço da guitarra.

Exemplo 9f:

Se você estiver com dificuldades para ver como esses dominantes alterados são formados, volte aos diagramas da página anterior.

Na página a seguir há algumas sequências comuns para você praticar. Use acordes drop 2 nas quatro cordas altas para tocar essas progressões e inserir extensões diatônicas ou alterações cromáticas às vozes, conforme você achar necessário. Você sempre pode tocar mais de uma voz do mesmo acorde em um compasso. Mudar as vozes pode nos dar uma quantidade imensa de novas possibilidades melódicas ao tocarmos a guitarra base.

Por fim, lembre-se que os intervalos "11" não se dão bem com acordes maj7, e que acordes "13" podem incluir ou não o intervalo de 9ª.

Escreva as suas sequências favoritas de vozes, e use-as sempre que tiver a oportunidade. Não se esqueça de praticá-las em todas as tonalidades mais comuns. Aqui vão algumas progressões para você começar.

1)

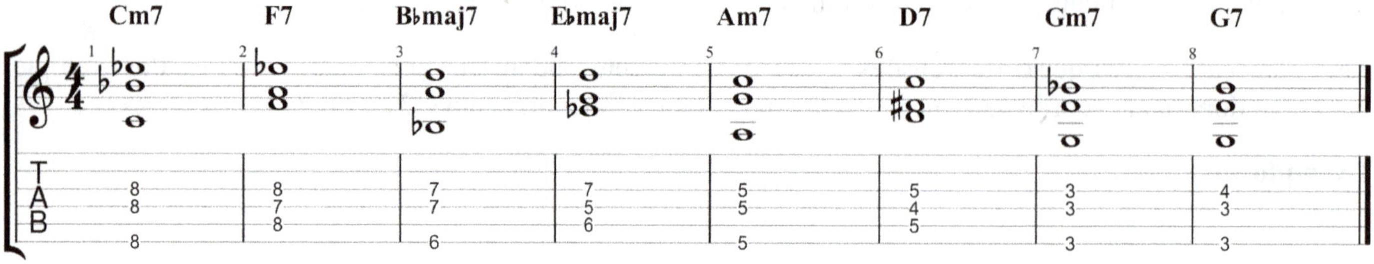

2)

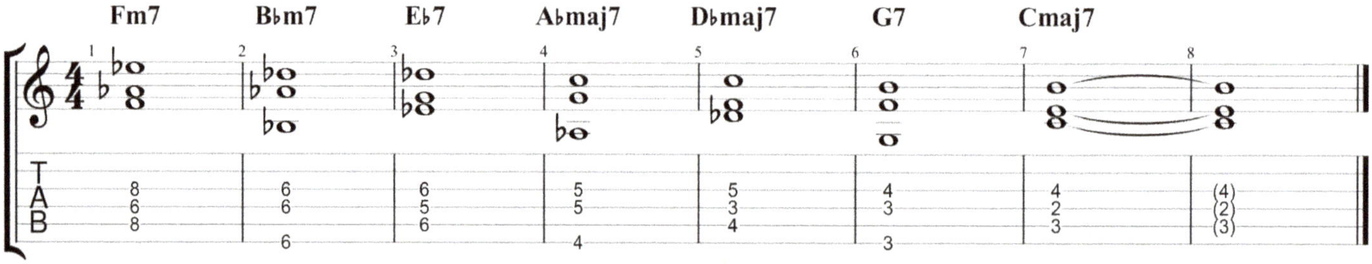

3)

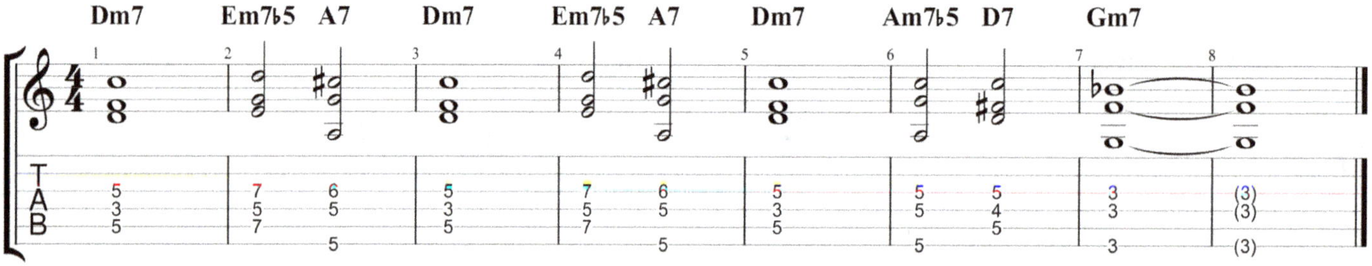

4)

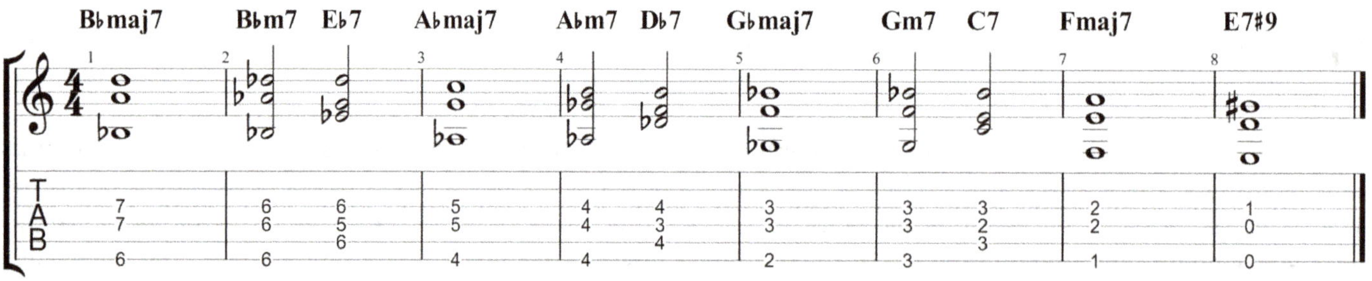

Essas progressões foram extraídas de alguns *standards* bem comuns no jazz. Essas sequências aparecem de tempos em tempos. Logo, ao trabalhá-las aqui, você estará preparado desde já para acompanhar a maioria das músicas.

Lembre-se, uma das coisas mais úteis que você pode fazer é criar e memorizar licks de acordes que "navegam" por essas mudanças. Eles serão de valor inestimável quando você começar a inserir mais extensões e alterações cromáticas aos seus acordes.

Aqui vão algumas ideias para você praticar:

1) Comece tocando cada progressão de acordes exatamente da forma como estão escritas, para que você se certifique de que consegue tocar as vozes drop 2 mais básicas.

2) Mantendo a melodia na corda mais alta, toque as vozes, seja descendo ou subindo pelo braço da guitarra. Não é possível ir *sempre* na mesma direção, mas, normalmente, você será capaz de chegar bem perto.

3) Escolha apenas um tipo de acorde (maj7, m7, 7 ou m7b5) e toque esse tipo como se fosse um acorde "9". Repita isso mais três vezes até que você tenha tocado cada tipo de acorde como um acorde "9". Então, toque *todos* os acordes como "9".

4) Repita o segundo passo com acordes "9".

5) Escolha um tipo de acorde e substitua por um "11" ou "13". Não toque intervalos de 11ª nos acordes maj7. Repita isso para cada tipo de acorde, e então toque todos os acordes da nova forma.

6) Toque todos os acordes da forma como estão escritos, mas insira uma alteração cromática em cada acorde dominante. Repita com duas alterações cromáticas. Não se esqueça de combinar extensões naturais com cromáticas, i.e., 13b9 ou 9#5. Toque com a nota melódica subindo ou descendo pelo braço da guitarra, ou fixa em uma posição.

7) Toque todos os acordes como "9" e insira uma ou duas extensões cromáticas para cada acorde dominante.

A lista anterior de exercícios é extremamente eficiente na hora de ajudar a dominar qualquer progressão de acorde. Você não apenas aprenderá os acordes e a miríade de possibilidades que deles decorrem, mas você também estará dominando o braço da guitarra, enxergando todos os acordes em termos de intervalos. Isso lhe permitirá alterar vozes e improvisar com texturas de acordes rapidamente.

Nós retornaremos a essa lista, mas, por enquanto, é hora de seguir em frente para aprendermos como tocar vozes drop 2 nas cordas do meio e nas cordas graves.

Com os conceitos, estruturas e técnicas de prática basilares, você perceberá que desenvolver o seu conhecimento de acordes por toda a guitarra ficará muito mais fácil e rápido conforme você for progredindo por este livro.

Capítulo Dez: Acordes Drop 2 - Cordas do Meio

A última coisa que qualquer livro sobre acordes e suas vozes deve se tornar é "apenas uma lista de acordes". Porém, a dificuldade em escrever este livro decorre do fato de que as técnicas que você utilizou para aprender as vozes drop 2 nas quatro cordas altas podem ser facilmente aplicadas aos acordes drop 2 nas quatro cordas do meio e nas quatro cordas graves.

Por esse motivo, essa seção abordará as vozes drop 2 nas cordas do meio, mas de um jeito mais breve do que nos capítulos anteriores. Cada voz será ensinada com alguns exercícios e dicas para você internalizá-las e utilizá-las de forma musical. Cada voz será imediatamente exibida com os seus intervalos anotados, de modo que você possa enxergar imediatamente as possibilidades de extensões e alterações cromáticas.

Nós começaremos com as vozes drop 2 do acorde Fm7 nas quatro cordas do meio.

Exemplo 10a:

Fm7 Drop 2 Root Position   Fm7 Drop 2 1st Inversion   Fm7 Drop 2 2nd Inversion   Fm7 Drop 2 3rd inversion

É necessário dizer que a primeira inversão do acorde m7 pode ser um pouco difícil de digitar, especialmente em posições mais baixas da guitarra. Eu sempre começo a formação do acorde colocando o meu terceiro dedo na quarta corda, e a partir daí eu construo o restante. Muitas vezes eu simplesmente substituto esse acorde por um Abmaj7 (Fm9).

Fm7 Drop 2 1st Inversion

Para internalizar esses desenhos, toque-os da voz mais baixa para a mais alta, e vice-versa. Você também pode saltar entre vozes alternadas.

Tente conectar os acordes com uma linha de *walking bass*, usando a escala Bebop de Fá Menor.

Exemplo 10b:

Não há problemas em usar um acorde Abmaj7 ao invés do Fm7 na primeira inversão, se você precisar.

Você pode praticar livremente esses acordes sobre a backing track 1.

Agora, vamos combinar esses acordes com as vozes drop 2 nas quatro cordas altas. Pratique o deslocamento entre vozes adjacentes para cada acorde, da seguinte maneira.

Exemplo 10c:

Acordes Drop 2 Dominantes

As vozes de acordes drop 2 dominantes podem receber quatro inversões:

Exemplo 10d:

Pratique esses acordes subindo e descendo pelo braço da guitarra sobre a backing track 2. Pule as posições e trabalhe com um metrônomo para aumentar a sua velocidade e precisão.

Conecte os acordes com uma linha de baixo na escala Bebop de Dó Mixolídio.

Exemplo 10e:

Você também pode praticar a conexão dos acordes nas quatro cordas altas e nas quatro cordas do meio.

Exemplo 10f:

Tente o exemplo 10f novamente, mas, dessa vez, descendo pelo braço da guitarra.

Agora, tente conectar os acordes C7 e Fm7 usando vozes drop 2 nas quatro cordas do meio. Pratique estas ideias tanto na ascendente quanto na descendente:

Exemplo 10g:

Pratique, também, a troca entre um C7 nas cordas do meio para um Fm7 nas cordas altas:

Exemplo 10h:

Lembre-se de praticar o exercício anterior na "contramão", pois a progressão I-IV também é bastante comum, e você deve estar familiarizado com ela.

Por fim, pratique a sequência acima mais uma vez, mas, agora, comece com um C7 nas quatro cordas altas e toque o Fm7 nas quatro cordas do meio.

Experimente esses exercícios nos tons de Dó Menor (Cm), Si Bemol Menor (Bbm), Sol Menor (Gm) e Ré Menor (Dm).

Acordes Drop 2 m7b5

As quatro inversões do acorde m7b5 podem ser tocadas, nas quatro cordas centrais, das seguintes maneiras:

Exemplo 10i:

Gm7b5 Drop 2 Root Position — Gm7b5 Drop 2 1st Inversion — Gm7b5 Drop 2 2nd Inversion — Gm7b5 Drop 2 3rd inversion

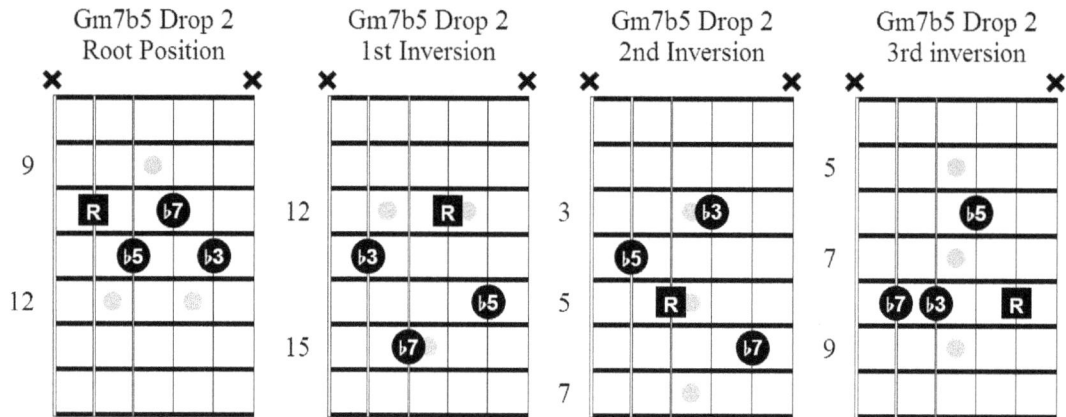

Comece como de costume, tocando essas vozes da mais baixa para a mais alta. Sem usar cordas abertas, a voz mais baixa disponível é a segunda inversão. Toque esses acordes nos dois sentidos (ascendente e descendente). Use um metrônomo para ajudá-lo a aumentar sua velocidade e precisão ao tocar esses acordes. Você também pode tentar fraseá-los musicalmente sobre a backing track 4, um vamp em Gm7b5.

Conecte cada voz dos acordes com uma linha de *walking bass*. Use a escala Bebop de Sol Lócrio.

Exemplo 10j:

Trabalhe com a backing track e um metrônomo para aumentar a sua velocidade e fluência.

A seguir, toque o acorde Gm7b5 saindo das cordas do meio em direção às quatro cordas altas. Toque essa ideia na ascendente e na descendente.

Exemplo 10k:

Agora, vamos conectar o acorde Gm7b5 com a progressão C7-Fm7 que você praticou no exemplo 10g. Comece tocando todos os acordes nas quatro cordas centrais.

Exemplo 10l:

Pratique essa progressão nos dois sentidos pelo braço da guitarra, antes de passar a praticar o movimento através dos grupamentos de cordas.

Exemplo 10m:

Evidentemente, com três acordes existem diversas formas de usar vozes no exemplo anterior. Você pode tocar um acorde nas duas cordas centrais e dois acordes nas quatro cordas altas. Você pode tocar dois acordes nas cordas altas e um nas quatro cordas centrais.

Você também pode tocar os dois primeiros acordes em uma posição, e então subir pelo braço para tocar o Fm7 em uma nova posição. Veja de quantas formas você consegue navegar por essas mudanças enquanto se movimenta pelos grupos de cordas. Esse tipo de exploração é o melhor jeito de memorizar as vozes dos acordes e ver como elas funcionam juntas em uma sentença musical.

Trabalhe com a backing track 5, pois isso lhe ajudará a frasear esses acordes de uma forma musical. Você também pode usar um metrônomo, que lhe ajudará a aumentar sua velocidade e precisão.

Acordes Drop 2 maj7

As quatro inversões do acorde Dbmaj7 são as seguintes:

Exemplo 10n:

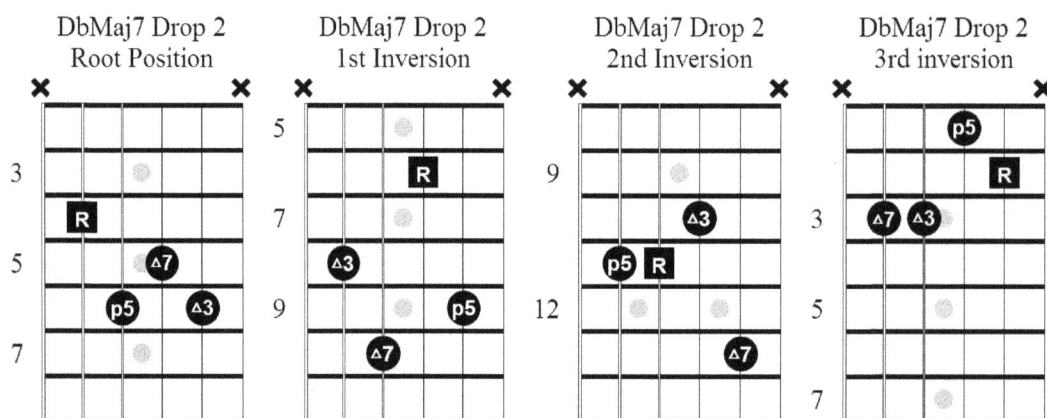

A primeira inversão é, mais uma vez, um desenho difícil de se digitar. Posicione o polegar da mão da escala bem embaixo; isso facilita uma abertura maior dos seus dedos, o que ajuda com digitações difíceis. Se ainda tiver dificuldades, você pode substituir a inversão por um Fm7 (criando um som Dbmaj9, como nós estudamos no capítulo 7).

Pratique tocar essas vozes subindo e descendo pelo braço da guitarra antes de conectá-la com uma linha de *walking bass* utilizando a escala Maior de Ré Bemol.

Exemplo 10o:

Você pode praticar essas vozes com a backing track 6, um vamp estático em Dbmaj7.

Agora conecte as vozes drop 2 nos conjuntos de cordas centrais e altas. Toque esse exemplo subindo e descendo pelo braço da guitarra.

Exemplo 10p:

Por fim, nós podemos adicionar vozes Dbmaj7 à sequência de acordes que vínhamos trabalhando. Dbmaj7 é o acorde bvi em uma progressão ii-V-I-bvi menor.

Comece tocando a sequência de acordes "na posição" nas quatro cordas centrais.

Exemplo 10q:

O próximo passo é trabalhar em busca de uma movimentação livre entre as vozes nas quatro cordas centrais e as quatro cordas altas conforme você for tocando a progressão. Com quatro acordes na sequência, há possibilidades praticamente infinitas de reordenar as vozes. Porém, você deve priorizar a troca entre grupos de cordas, começando tanto no grupo de cordas centrais quanto nas cordas altas.

Exemplo 10r:

Exemplo 10s:

Tenha em mente que você pode subir *ou* descer para o próximo acorde em qualquer ponto da progressão para obter uma imensa quantidade de possibilidades para "navegar" por essa progressão - isso considerando apenas esses dois grupos de cordas! Permita que seus ouvidos sejam o juiz que decidirá como você tocará essa sequência da forma mais eficaz. Use a backing track 7 para ajudá-lo a dominar essa sequência; cada acorde é tocado em um compasso.

Lembre-se que isso é apenas um exercício para ajudá-lo a memorizar e dominar essas vozes. Toque os exemplos da página 56 em ordem para obter um pouco de experiência "no mundo real" sobre como esses acordes podem funcionar.

Por fim, volte ao exercício 6a da página 32, no qual nós encontramos quatro diferentes pontos iniciais a partir dos quais podemos subir por uma escala harmonizada de Ré Bemol Maior. Por exemplo, a nota mais baixa da escala de Db Maior sobre a qual podemos construir uma voz de acorde na corda Si (a 2ª) é a nota Db (sem usar cordas abertas).

Grau da Escala	I Maj7	iim7	iiim7	IVMaj7	V7	vim7	viim7b5
Exemplo em Ré Bemol	DbMaj7	Ebm7	Fm7	GbMaj7	Ab7	Bbm7	Cm7b5

Mantendo a nota tônica de cada acorde na 2ª corda, toque a escala harmonizada de Ré Bemol Maior.

Exemplo 10t:

```
      Dbmaj7   Ebm7    Fm7    Gbmaj7   Ab7    Bbm7    Cm7b5   Dbmaj7
T ---- 2 ------ 4 ----- 6 ----- 7 ----- 9 ----- 11 ---- 13 ---- 14 ----
A ---- 1 ------ 3 ----- 5 ----- 6 ----- 8 ----- 10 ---- 11 ---- 13 ----
B ---- 3 ------ 4 ----- 6 ----- 8 ----- 10 ---- 11 ---- 13 ---- 15 ----
  ---- 3 ------ 4 ----- 6 ----- 8 ----- 9 ------ 11 ---- 13 ---- 15 ----
```

A seguir, encontre a nota na terceira corda que você pode usar para construir uma voz de acorde sem cordas abertas (Ab). Comece em Ab7 e suba pela escala harmonizada de Ré Bemol Maior, mantendo a nota tônica de cada acorde na terceira corda.

Exemplo 10u:

```
      Ab7     Bbm7    Cm7b5   Dbmaj7   Ebm7    Fm7    Gbmaj7   Ab7
T ---- 4 ------ 6 ----- 7 ----- 9 ----- 11 ---- 13 ---- 14 ---- 16 ----
A ---- 1 ------ 3 ----- 5 ----- 6 ----- 8 ----- 10 ---- 11 ---- 13 ----
B ---- 4 ------ 6 ----- 8 ----- 10 ---- 11 ---- 13 ---- 15 ---- 16 ----
  ---- 3 ------ 4 ----- 6 ----- 8 ----- 9 ------ 11 ---- 13 ---- 15 ----
```

A nota mais baixa disponível na quarta corda é F (apesar de Eb estar disponível, a voz do acorde Ebm7 usa cordas abertas). Comece com Fm7 e suba pela escala harmonizada, mantendo cada nota tônica na quarta corda.

Exemplo 10v:

```
      Fm7    Gbmaj7   Ab7    Bbm7    Cm7b5   Dbmaj7   Ebm7    Fm7
T ---- 4 ------ 6 ----- 7 ----- 9 ----- 11 ---- 13 ---- 14 ---- 16 ----
A ---- 1 ------ 3 ----- 5 ----- 6 ----- 8 ----- 10 ---- 11 ---- 13 ----
B ---- 3 ------ 4 ----- 6 ----- 8 ----- 10 ---- 11 ---- 13 ---- 15 ----
  ---- 3 ------ 4 ----- 6 ----- 8 ----- 9 ------ 11 ---- 13 ---- 15 ----
```

Por fim, a nota mais baixa disponível na quinta corda é Bb. Comece com Bbm7 e suba em Ré Bemol Maior.

Exemplo 10w:

Capítulo Onze: Extensões e Alterações

Uma vez que toda a informação conceitual relativa à adição de extensões diatônicas e alterações cromáticas foi passada nos capítulos 7 a 9, neste capítulo eu me limitarei aos desenhos de acordes para extensões de nonas naturais e as alterações cromáticas disponíveis para os acordes dominantes com nona. Trabalhe os capítulos 7 e 9 novamente, mas, agora, substituindo aquelas diagramas pelos deste capítulo.

Vozes para Fm9

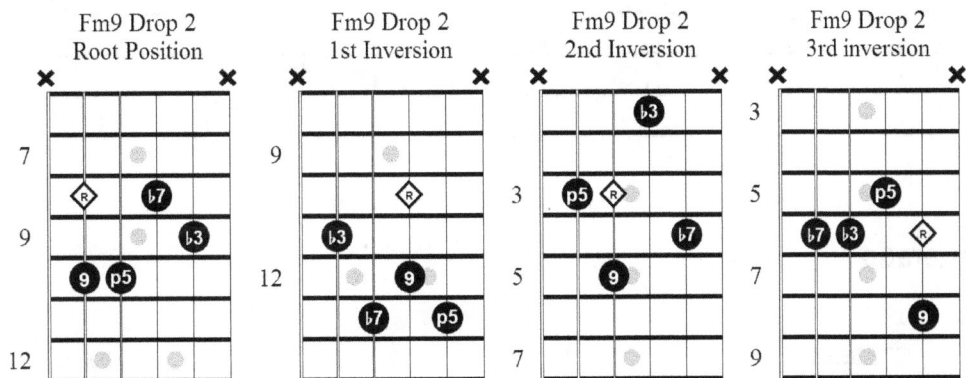

Vozes para C9

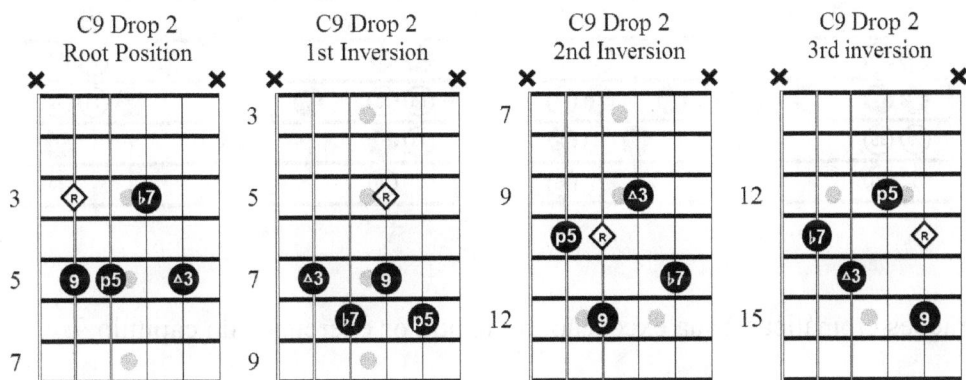

Vozes para Gm7b5

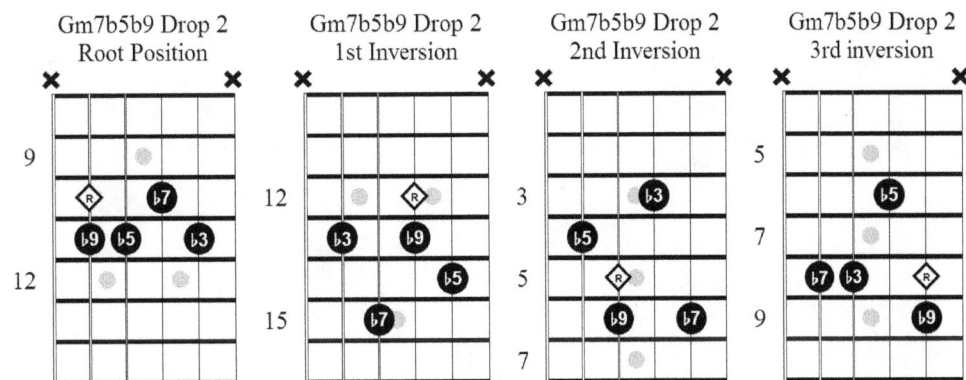

Vozes para Dbmaj9

DbMaj9 Drop 2
Root Position

DbMaj9 Drop 2
1st Inversion

DbMaj9 Drop 2
2nd Inversion

DbMaj9 Drop 2
3rd inversion

Vozes para C7 Alterado

C7 Altered
Root Position

C7 Altered
1st Inversion

C7 Altered
2nd Inversion

C7 Altered
3rd inversion

Incorpore as alterações cromáticas à sua execução, treinando os exercícios do capítulo 9.

Lembre-se de incorporar apenas uma alteração cromática de cada vez ao acorde dominante. Lembre-se, também, que nem toda alteração cromática está facilmente disponível para cada voz. Se um desenho de acorde for muito difícil, simplesmente toque outra coisa.

Capítulo Doze: Acordes Drop 2 - Cordas Graves

Os dois capítulos a seguir contêm vozes drop 2 para acordes "7" nas quatro cordas baixas (graves). Esses acordes podem ser úteis por possuírem uma característica particularmente ressonante, embora eles também possam soar um pouco graves demais, inviabilizando seu uso em um conjunto.

Eu diria que as vozes desse capítulo não são uma prioridade imediata para você estudar. Nas cordas graves, é mais comum utilizar vozes drop 3, principalmente com vozes na posição tônica.

Por ora, trate esse capítulo apenas como uma "referência". Volte a ele quando já tiver incorporado as vozes drop 3 à sua técnica convencional.

Vozes Fm7

Exemplo 12a:

Com uma linha de *walking bass*.

Exemplo 12b:

Vozes C7

Exemplo 12c:

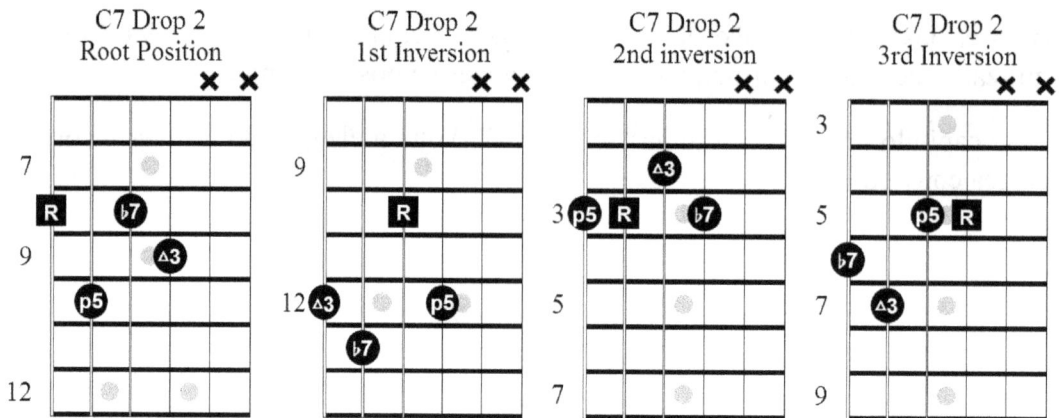

Com uma linha de *walking bass*.

Exemplo 12d:

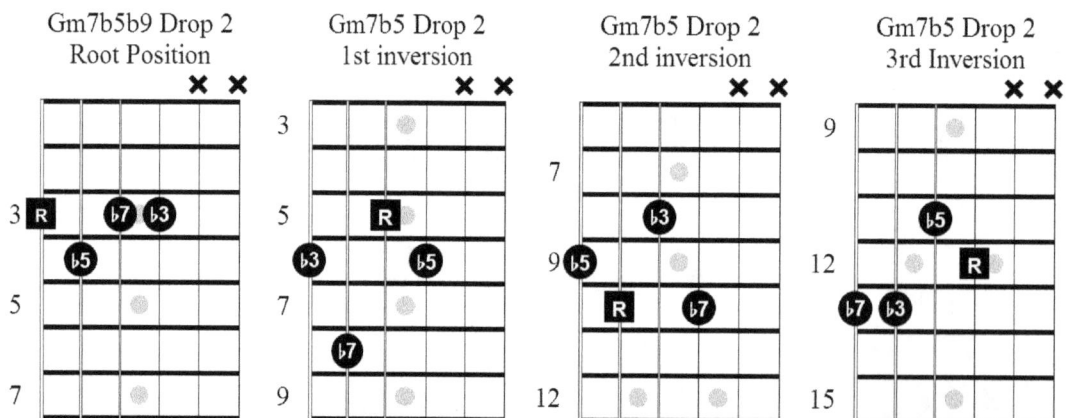

Vozes Gm7b5

Exemplo 12e:

Com uma linha de *walking bass*.

Exemplo 12f:

Vozes Dbmaj7

Exemplo 12g:

DbMaj7 Drop 2 Root Position

DbMaj7 Drop 2 1st Inversion

DbMaj7 Drop 2 2nd inversion

DbMaj7 Drop 2 3rd Inversion

Com uma linha de *walking bass*.

Exemplo 12h:

Extensões e Alterações

As seguintes vozes mostram os acordes drop 2 nas cordas graves em versões com extensões para incluir as 9s diatônicas, além das extensões cromáticas disponíveis nos acordes dominantes.

Vozes para Fm9

Exemplo 12i:

Vozes para C9

Exemplo 12j:

Vozes Gm7b5b9

Exemplo 12k:

Gm7b5b9 Drop 2 Root Position	Gm7b5b9 Drop 2 1st inversion	Gm7b5b9 Drop 2 2nd inversion	Gm7b5b9 Drop 2 3rd Inversion

Vozes para Dbmaj9

Exemplo 12l:

DbMaj7 Drop 2 Root Position	DbMaj7 Drop 2 1st Inversion	DbMaj7 Drop 2 2nd inversion	DbMaj7 Drop 2 3rd Inversion

Vozes para C7 Alterado

C7 Altered Root Position	C7 Altered 1st Inversion	C7 Altered 2nd inversion	C7 Altered 3rd Inversion

Capítulo Treze: Vozes Drop 3 - Tônica na Sexta Corda

Acordes drop 3 são, normalmente, os primeiros acordes que os guitarristas de jazz aprendem. As vozes desses acordes têm, majoritariamente, a nota do baixo na sexta corda (bordão), e são instantaneamente reconhecíveis pelo salto de cordas entre as cordas graves e do meio.

Como descrito no capítulo 1, uma voz drop 3 é formada através de uma voz na posição fechada, rebaixando a terceira nota mais alta em uma oitava. Observe que há uma corda não tocada (a quarta) entre a nota do baixo e o resto do acorde.

Um dos benefícios de utilizar vozes drop 3 é que há uma lacuna discernível entre a corda do baixo e a *estrutura superior* do acorde. Essa lacuna nos permite criar linhas de guitarra que possuem linhas de baixo graves e estruturas do acorde nas cordas do meio, deixando espaço para uma melodia ser tocada sobre a linha de guitarra.

O melhor jeito de dominar os acordes drop 3 é aprendendo um acode *de qualidade* de cada vez. Muitas pessoas acham esses acordes mais fáceis de digitar quando o baixo está na sexta corda; então é a partir daí que eles começam.

As quatro vozes drop 3 para o acorde Fm7 são tocadas da seguinte forma:

Exemplo 13a:

A terceira inversão do acorde m7 pode ser um pouco difícil de digitar no começo.

Uma coisa muito útil a ser observada é que se você aumentar a nota do bordão e colocá-la na corda mais alta (na "mizinha"), você criará uma voz drop 2. Isso é *muito* útil quando para você memorizar e relembrar os acordes. Compare, por exemplo, os dois acordes a seguir.

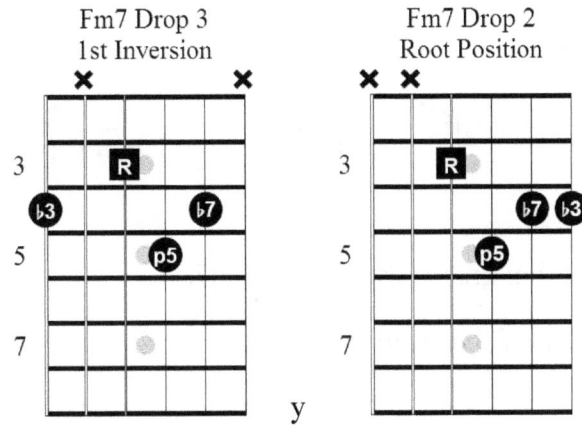

Fm7 Drop 3
1st Inversion

Fm7 Drop 2
Root Position

Você pode ver, facilmente, que a b3 saiu do bordão para a mizinha. Esse padrão se repete em *qualquer* acorde drop 3. Então, se estiver com dificuldades de lembrar alguma voz, basta tocar um acorde drop 2 e remanejar a nota mais alta para a corda mais grave.

Lembre-se dos passos para memorizar esses acordes: Suba pelas vozes da nota mais baixa para a mais alta, e então desça pelas vozes da nota mais alta para a mais baixa.

Exemplo 13b:

Movimente-se entre pares de acordes, subindo ou descendo de forma gradual pelo braço da guitarra.

Exemplo 13c:

Pule acordes e toque vozes alternadas que subam e desçam pelo braço da guitarra.

Exemplo 13d:

Improvise sobre a backing track 1, um groove estático em Fm7.

Conecte todos os acordes com uma linha de *walking bass*.

Exemplo 13e:

Durante o aprendizado da digitação da terceira inversão do acorde m7, pode ser benéfico trabalhar apenas no terceiro compasso do exemplo anterior.

Um exercício que também pode agregar valor é transitar entre vozes drop 3 e drop 2 que estejam disponíveis em cada posição do braço da guitarra. Observe como eu subo pelo braço da guitarra ao aumentar uma posição nas quatro cordas altas.

Certifique-se de aplicar esse exercício aos outros três tipos de acorde "7" que nós vimos nesse capítulo. Esse é um exercício lindo para conectarmos tudo que vimos até agora.

Exemplo 13f:

A seguir, tente pegar as quatro vozes pelo ciclo de quintas e de quartas do capítulo 18, o que irá ajudá-lo a dominar o braço da guitarra. Tocar em todos os tons com cada uma das vozes é um passo importante para internalizar cada digitação de acordes e dominar o braço da guitarra. Não se esqueça de tocar em todas as posições do braço. Esse tipo de exercício pode ser difícil no início, mas traz grandes benefícios muito rapidamente.

Agora, vamos examinar as vozes drop 3 do acorde C7, tocadas a partir do bordão.

Exemplo 13g:

Repita as etapas para o acorde Fm7 para aprender os desenhos drop 3 de C7. A progressão é mostrada, aqui, com uma linha de *walking bass.*

Exemplo 13h:

Pratique todos os quatro desenhos de vozes dominantes (7) sobre os exercícios cíclicos do capítulo 18.

Tente conectar os acordes C7 e F7 em cada posição no braço da guitarra.

Exemplo 13i:

Outra ideia que você pode tentar é tocar duas vozes de cada acorde por compasso, antes de trocar para a voz mais próxima o possível do acorde subsequente:

Exemplo 13j:

Conforme você for ganhando confiança com as vozes drop 3 dominantes, comece a aprender as seguintes vozes m7b5.

Excmplo 13k:

Como sempre, repita os passos anteriores para aprender, memorizar e incorporar essas vozes à sua técnica habitual.

As quatro vozes do acorde Gm7b5 podem ser conectadas com uma linha de *walking bass* da seguinte maneira:

Exemplo 13l:

Pratique todos os quatro desenhos de vozes m7b5 sobre os exercícios cíclicos do capítulo 18.

Agora, incorpore as vozes Gm7b5 em uma progressão ii-V-i completa no tom de Fá. Inicialmente, toque o exemplo a seguir de forma livre, para que você tenha tempo para pensar nos acordes. A seguir, use um metrônomo para se forçar a tocar no tempo. Não se preocupe com erros no começo; apenas permaneça no ritmo.

Exemplo 13m:

Pratique as ideias mostradas no exemplo anterior, mas também passe algum tempo explorando sequências ii-V-i que façam com que a nota melódica de cada voz (a da nota mais alta) suba ou desça em cada mudança de acordes, conforme você caminhar pelo braço da guitarra. Essa ideia melódica foi mostrada no exemplo 4i e pode ser aplicada a qualquer sequência de acordes.

Use as progressões cíclicas de acordes do capítulo 18 para praticar essa sequência ii V i. Use cada acorde no ciclo como a nova tonalidade tônica. Assim, quando o acorde diz "C", toque um ii-V-i menor *no* tom de Dó (Dm7b5-G7-Cm7). Esses tipos de exercícios são mentalmente exigentes, então comece utilizando apenas uma ou duas tonalidades por dia, antes de tocar a sequência completa depois de uma semana ou duas.

Por fim, nós estudaremos as vozes drop 3 do acorde de 7ª maior com as notas do baixo tocadas no bordão.

Exemplo 13n:

Com uma linha de *walking bass*, as inversões de Dbmaj7 podem ser tocadas da seguinte maneira:

Exemplo 13o:

Repita os mesmos passos das vozes anteriores para aprender as vozes maj7. Não se esqueça de fazer os exercícios cíclicos do capítulo 18 com todas as quatro inversões.

Por fim, vamos inserir um acorde Dbmaj7 na progressão ii-V-i menor para criar uma progressão ii-V-i-bvi. Toque os acordes a seguir lenta e livremente, para que você comece a dominar esses desenhos antes de utilizar um metrônomo para acelerar o exercício.

Exemplo 13p:

Você pode praticar essas vozes com a backing track 7. Tente experimentar com o ritmo e o fraseado. Tente manter a nota melódica subindo ou descendo, ou tocando mais de uma inversão de cada acorde em um compasso. Vá com calma! Essas vozes são muito comuns na guitarra jazz, e é importante que você as conheça.

Agora que nós já vimos todos os quatro desenhos mais comuns do acorde de 7ª, você pode praticar subir e descer pela escala maior harmonizada, como você fez nos exemplos anteriores. Encontre as vozes mais baixas possíveis com notas tônicas nas cordas 6, 4, 3 e 2, e então suba pelo braço da guitarra de uma forma parecida com a do exemplo 6a. Comece com a escala harmonizada de Ré Bemol Maior (Db).

Grau da Escala	I Maj7	iim7	iiim7	IVMaj7	V7	vim7	viim7b5
Exemplo em Ré Bemol	DbMaj7	Ebm7	Fm7	GbMaj7	Ab7	Bbm7	Cm7b5

Exemplo 13q: (Tônica na segunda corda - segunda inversão)

Exemplo 13r: (Tônica na terceira corda - terceira inversão)

Exemplo 13s: (Tônica na quarta corda - primeira inversão)

Exemplo 13t: (Tônica na sexta corda - posição tônica)

Você também deve trabalhar com outras progressões comuns de acordes de jazz, como o ii-V-I maior e o I-VI-ii-V maior, em todos os tons mais comuns. Descubra os seus jeitos favoritos de navegar por essas mudanças, e memorize essas sequências de vozes como se fossem "licks de acordes". Você também deve praticar com os diagramas de acordes da página 56 e com os exercícios cíclicos do capítulo 18.

Mesmo com apenas alguns poucos jeitos diferentes de navegar pelas mudanças, quando você as combinar com as suas sequências drop 2, você descobrirá diversas formas interessantes de tocar os seus acordes. Conforme as suas habilidades forem se desenvolvendo, será fácil improvisar partes rítmicas criativas à medida que você for tocando os acordes.

Finalmente, aqui vão as permutações de acordes dominantes alterados para vozes drop 3.

C7 Altered
Root Position

C7 Altered
1st Inversion

C7 Altered
2nd inversion

C7 Altered
3rd Inversion

Capítulo Quatorze: Acordes Drop 3 - Tônica na Quinta Corda

Assim como foi feito com os acordes drop 2 na 6ª corda (bordão), eu não acho que aprender os acordes drop 3 com as notas tônicas na quinta corda seja uma grande prioridade. Eles são importantes, mas eu sugiro que você só os estude quando tiver dominado os acordes drop 2 nas cordas altas e nas quatro cordas centrais, além de todas as inversões drop 3 com a tônica no bordão.

Isso posto, eu sugeriria, definitivamente, que você aprenda, pelo menos, a posição tônica das vozes desse capítulo, pois elas são usadas com certa frequência. Pode valer a pena incorporar as posições tônicas, e, então, passar algum tempo trabalhando com outros tipos de acordes mais "prioritários" que nós mencionamos antes.

Quando você começar a estudar os acordes desse capítulo, repita as etapas do capítulo 13 para memorizá-los e contextualizá-los de uma forma musical.

Todos as vozes drop 3 mais comuns, com as notas tônicas na quinta corda, estão listadas abaixo.

Fm7

Exemplo 14a:

| Fm7 Drop 3 Root Position | Fm7 Drop 3 1st Inversion | Fm7 Drop 3 2nd Inversion | Fm7 Drop 3 3rd inversion |

C7

Exemplo 14b:

| C7 Drop 3 Root Position | C7 Drop 3 1st Inversion | C7 Drop 3 2nd inversion | C7 Drop 3 3rd Inversion |

86

Gm7b5

Exemplo 14c:

Gm7b5 Drop 3 Root Position — Gm7b5 Drop 3 1st Inversion — Gm7b5 Drop 3 2nd inversion — Gm7b5 Drop 3 3rd Inversion

DbMaj7

Exemplo 14d:

DbMaj7 Drop 3 Root Position — DbMaj7 Drop 3 1st Inversion — DbMaj7 Drop 3 2nd inversion — DbMaj7 Drop 3 3rd Inversion

C7 Alterado

C7 Altered Root Position — C7 Altered 1st Inversion — C7 Altered 2nd inversion — C7 Altered 3rd Inversion

Comece a incorporar os acordes acima à sua técnica habitual da mesma forma que você fez com os outros tipos de acordes dos capítulos anteriores.

Além dos métodos que já foram passados, um jeito bastante útil de praticá-los é conectando os acordes drop 3 que estejam em grupos adjacentes de cordas. Por exemplo, você pode conectar as vozes de Fm7 da seguinte forma:

Exemplo 14e:

Tente fazer isso com todos os outros tipos de vozes drop 3, e então comece a combinar vozes nas cordas 6 e 5 em progressões comuns. Você pode, por exemplo, tocar uma progressão ii-V-i-vi da seguinte forma:

Exemplo 14f:

Existem várias outas formas de combinar acordes drop 3 através de grupos de cordas, desse mesmo jeito. Lembre-se de que você pode praticar com a nota melódica subindo ou descendo, ou simplesmente mantê-la estática em uma posição.

Quando estiver praticando progressões de acordes utilizando vozes drop 3, lembre-se de incorporar tensões cromáticas aos acordes dominantes, tão logo você esteja confiante com as inversões básicas. Nem toda tensão estará disponível ou será fácil de ser tocada em cada posição, então se concentre em inserir as tensões que são convenientes e fáceis de se tocar. É raro adicionar uma tensão cromática na nota do baixo em uma voz drop 3. Então, nos diagramas acima, as tensões cromáticas são mostradas na primeira corda.

Lembre-se de que, muitas vezes, você estará tocando esses acordes acompanhado de uma banda. Adicionar uma tensão cromática no baixo do acorde causará um conflito com o baixista. Se você estiver tocando sem acompanhamento, uma tensão no baixo do acorde simplesmente soará como uma nota errada.

Acordes drop 3 são úteis quando você estiver acompanhando um vocalista em uma dupla, pois contêm um baixo gave e uma estrutura de acorde nas cordas centrais. Porém, em conjuntos maiores, esses acordes podem entrar no caminho de outros instrumentos (como o baixo) quando as vozes forem tocadas em um tom mais baixo.

Conectar acordes drop 3 através das cordas 6 e 5 com uma linha de *walking bass* é um excelente objetivo para você praticar. Muitas vezes, você escuta guitarristas tocando quatro compassos da mesma voz de acorde em uma pequena banda. Mesmo que usemos apenas vozes drop 3, nós passamos a ter nada menos do que oito formas diferentes de tocar o mesmo acorde. Ser capaz de transitar fluentemente por todas elas adicionará vida e interesse à sua linha de guitarra base.

Nós falaremos mais sobre ideias de *walking bass* na Parte Três dessa série.

Capítulo Quinze: Vozes Drop 2 e 4 - Sexta Corda

Vozes drop 2 e 4 são, certamente, muito menos comuns do que outras vozes abordadas até aqui neste livro. Porém, elas possuem, de fato, um som bastante distinto, e nos permitem tocar uma estrutura com um baixo grave e o restante do acorde nas cordas centrais.

Vozes drop 2 e 4 são formadas "rebaixando" a segunda e a quarta nota mais alta de um acorde na posição fechada em uma oitava.

Como você pode ver, vozes drop 2 e 4 criam acordes amplamente espaçados, e eles podem ser um pouco difíceis de se digitar no início. É preciso tomar cuidado para abafar as cordas não utilizadas para não inserir notas indesejadas!

Assim como nas vozes drop 3, vozes drop 2 e 4 podem ser tocadas com a nota do baixo tanto na sexta quanto na quinta corda.

Neste capítulo, as vozes drop 2 e 4 serão passadas na sexta corda. Aprenda-as da mesma forma que você aprendeu as vozes drop 3.

Os exemplos de *walking bass* desse capítulo são particularmente difíceis, e linhas de *walking bass* são mais comumente utilizadas com vozes drop 2 e 3. Certifique-se de estar praticando as ideias que lhe trazem os maiores benefícios.

Vozes Fm7

Exemplo 15a:

Exemplo 15b:

Vozes C7

Exemplo 15c:

C7 Drop 2 and 4 Root Position

C7 Drop 2 and 4 1st Inversion

C7 Drop 2 and 4 2nd inversion

C7 Drop 2 and 4 3rd Inversion

Exemplo 15d:

Vozes para Gm7b5

Exemplo 15e:

Gm7b5 Drop 2 and 4 Root Position | Gm7b5 Drop 2 and 4 1st Inversion | Gm7b5 Drop 2 and 4 2nd inversion | Gm7b5 Drop 2 and 4 3rd Inversion

Exemplo 15f:

Gm7♭5

```
T  6   8      11   14      18   14      11   8      6
A  3   6      10   12      15   12      10   6      3
B  4   8   8  10   13   13 16   13   13 10   8   4  4
   3   4   6  9    13   14 15   14   11 9    6      3
```

DbMaj7

Exemplo 15g:

DbMaj7 Drop 2 and 4 Root Position | DbMaj7 Drop 2 and 4 1st Inversion | DbMaj7 Drop 2 and 4 2nd inversion | DbMaj7 Drop 2 and 4 3rd Inversion

Exemplo 15h:

Vozes Dominantes Alteradas

C7 Altered
Root Position

C7 Altered
1st Inversion

C7 Altered
2nd inversion

C7 Altered
3rd Inversion

Capítulo Dezesseis: Vozes Drop 2 e 4 - Quinta Corda

Vozes drop 2 e 4 com o baixo na quinta corda tendem a ser um pouco mais fáceis de tocar do que aquelas com o baixo na sexta corda.

Os exemplos de *walking bass* desse capítulo são particularmente difíceis, e linhas de *walking bass* são mais comumente utilizadas com vozes drop 2 e 3. Certifique-se de estar praticando as ideias que lhe trazem os maiores benefícios.

Vozes Fm7

Exemplo 16a:

Exemplo 16b:

Vozes C7

Exemplo 16c:

C7 Drop 2 and 4 Root Position

C7 Drop 2 and 4 1st Inversion

C7 Drop 2 and 4 2nd inversion

C7 Drop 2 and 4 3rd Inversion

Exemplo 16d:

C7

Vozes para Gm7b5

Exemplo 16e:

Gm7b5 Drop 2 and 4 Root Position

Gm7b5 Drop 2 and 4 1st Inversion

Gm7b5 Drop 2 and 4 2nd inversion

Gm7b5 Drop 2 and 4 3rd Inversion

Exemplo 16f:

DbMaj7

Exemplo 16g:

DbMaj7 Drop 2 and 4 Root Position

DbMaj7 Drop 2 and 4 1st Inversion

DbMaj7 Drop 2 and 4 2nd inversion

DbMaj7 Drop 2 and 4 3rd Inversion

Exemplo 16h:

Vozes para C7 Alterado

C7 Altered Root Position | C7 Altered 1st Inversion | C7 Altered 2nd inversion | C7 Altered 3rd Inversion

Assim como as vozes drop 2 e 4 construídas a partir da sexta corda, eu diria que os acordes desse capítulo são menos prioritários do que os acordes drop 2 e 3 abordados anteriormente. Entretanto, se você gostar da sonoridade das estruturas 2 e 4, então coloque-os acima de todos os outros tipos de acordes nos seus estudos.

Ao praticar o que você gosta de ouvir, você desenvolverá a sua própria voz e o seu próprio estilo.

Seja lá o que você decidir praticar, pratique meticulosamente e em todos os tons mais comuns. Use os exercícios dos capítulos anteriores para ajudá-lo a incorporar essas vozes à sua técnica natural. Certifique-se, também, de praticar os exercícios cíclicos do capítulo 18 para melhorar o seu domínio do braço da guitarra.

Capítulo Dezessete: Convertendo Estruturas de Acordes

Até agora, nós abordamos as quatro qualidades de acordes mais comuns na guitarra jazz: maj7, m7, "7" e m7b5. Evidentemente, existem outros tipos de qualidades de acordes que não foram abordadas, e apesar de não aparecerem regularmente, é essencial aprendê-las.

As outras qualidades de acordes que aparecem com mais frequência são menor/maior-7, 7 diminuto, maj7 e m6.

Nesse capítulo nós abordaremos as qualidades acima, uma de cada vez, e veremos como é fácil acessar cada uma delas ao fazer pequenos ajustes nas estruturas que você já conhece.

Ao longo deste livro, ressaltamos diversas vezes a importância de saber onde está a nota tônica de cada voz. Do capítulo 7 em diante, cada acorde foi ensinado com os seus intervalos marcados com clareza nos diagramas.

Agora, você deve estar começando a reconhecer com rapidez e facilidade os intervalos dos acordes no braço da guitarra. Reconhecer os intervalos é bastante útil, além de ser uma das coisas que separa os guitarristas que deram duro em seus estudos. Ao entender a localização dos intervalos, nós podemos criar *qualquer* acorde imediatamente, a partir das quatro estruturas-padrão que aprendemos até agora.

Acordes Menor/Maior 7

Nós começaremos com o acorde "menor/maior-7", ou "m(Maj7)", cuja estrutura de intervalos é 1 b3 5 7. Ele é, literalmente, um acorde menor com a adição de uma 7ª maior. Você também pode pensar nele como um acorde m7 com uma 7ª aumentada.

Para acessar o som m(Maj7), nós podemos, simplesmente, tocar qualquer inversão de uma voz m7 e aumentar o intervalo b7 em um semitom, transformando-o em uma 7ª natural.

Exemplo 17a:

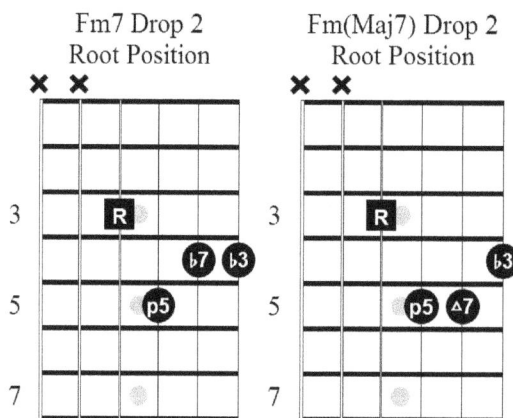

Esse processo funcionará com *qualquer* acorde m7, desde que você saiba onde os intervalos estão no braço da guitarra.

Exemplo 17b:

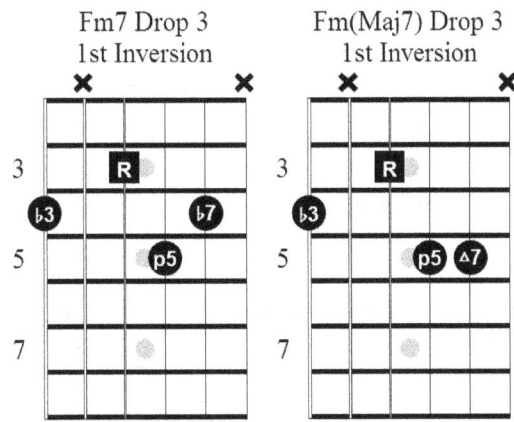

Fm7 Drop 3
1st Inversion

Fm(Maj7) Drop 3
1st Inversion

Para praticar os acordes m(Maj7) em contexto, eu sugiro que você os utilize no lugar da tônica em uma progressão ii-V-i, pois é onde eles surgem com mais frequência. Você pode trabalhar essas ideias com a backing track 10.

Gm7b5   C7   Fm(maj7)

Tudo o que você precisa fazer é voltar aos exercícios ii-V-i dos capítulos anteriores e se concentrar em aumentar a b7 do acorde tônico Fm7 para que ela se torne uma 7ª natural, criando, assim, o som m(Maj7).

Acordes de 7ª Diminuta

Os acordes de 7ª diminuta podem ser vistos de algumas formas diferentes. A fórmula para um acorde dim7 é 1 b3 b5 bb7 (7ª duplamente rebaixada). Assim, um jeito de enxergá-los pode ser através de uma m7b5 com a b7 *bemol*.

Exemplo 17c:

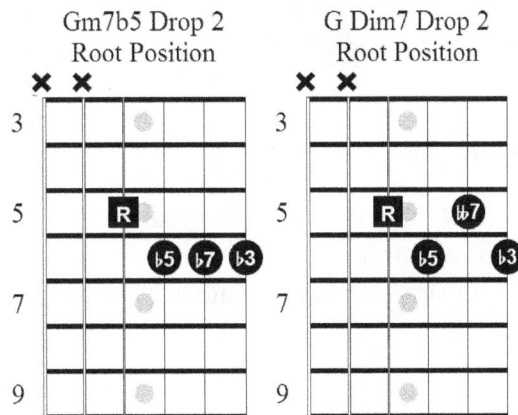

Gm7b5 Drop 2
Root Position

G Dim7 Drop 2
Root Position

Apesar de ser uma forma válida de visualizar os acordes dim7, essa não é, particularmente, uma aplicação musical dos acordes diminutos. Enquanto acordes m(Maj7) são frequentemente utilizados no lugar de acordes m7, acordes dim7 não costumam ser utilizados no lugar de acordes m7b5.[1]

A utilização mais comum de acordes dim7 é como uma substituição de acordes dominantes funcionais. Por esse motivo, é útil enxergar os acordes dim7 como adaptações de acordes dominantes "7".

A teoria da "substituição diminuta" foi abordada na Parte Um dessa série, então vamos fazer apenas uma breve recapitulação.

"Ao tocar um acorde dim7 na 3ª do acorde dominante 7, nós criamos um acorde 7b9".

Isso é facilmente visualizado em um diagrama de acorde. Aqui vão os acordes de C7 e Edim7.

Exemplo 17d:

C7 E Dim7 E Dim7 with C Root

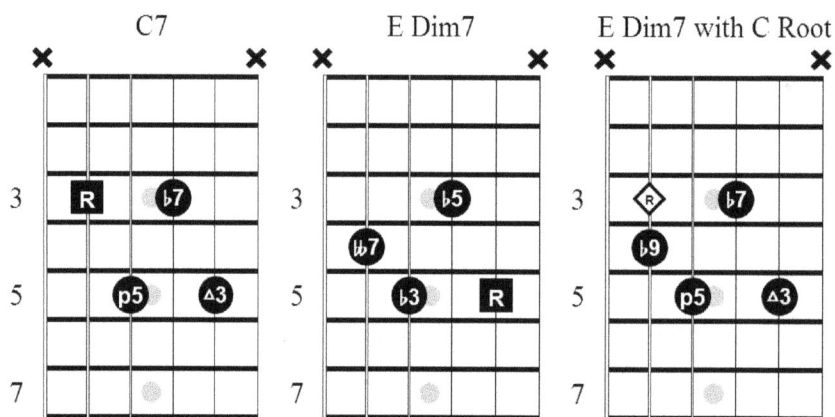

Como você pode ver, as notas de Edim7 são idênticas àquelas de C7, com apenas uma alteração: A tônica do acorde C7 foi aumentada em um semitom para se tornar uma tensão cromática b9.

"Para criar um acorde Dim7, nós podemos simplesmente aumentar a tônica de qualquer acorde dominante 7 em um semitom".

Lembre-se: acordes dim7 também são *simétricos*, porque cada nota está a uma terça menor de distância. Como nós aprendemos na Parte Um, *qualquer* nota que integre o acorde dim7 pode ser enxergada como tônica. Então, enquanto o acorde dim7 está escrito como Edim7, esse mesmo Edim7 também é idêntico a Gdim7, Bbdim7 e *Dbdim7*.

Dbdim7 é criado pelo aumento da tônica de C7 em um semitom.

Esse simples ajuste a qualquer acorde dominante 7 é o jeito mais útil de construir e pensar em acordes dim7 pois, como visto acima, os acordes dim7 são usados com mais frequência como substituições para acordes dominante 7. Na verdade, essa substituição é provavelmente a mais utilizada no Bebop.

---

[1]   OK, às vezes são. Mas a teoria por trás disso está além do escopo deste livro.

Observe que essa ideia funciona com o aumento da tônica de *qualquer* voz "7" ou inversão que você quiser. O conceito é demonstrado, aqui, com acordes drop 2 nas quatro cordas altas:

Exemplo 17e:

Aplique o mesmo processo às outras inversões drop 2 de C7 nas quatro cordas altas.

Usando a Substituição Dim7

Você pode usar a substituição dim7 sempre que quiser, sobre um acorde dominante 7 funcional.

Tente o exemplo a seguir com progressões ii-V-I tanto maiores quanto menores, em cada grupo de cordas e com qualquer tipo de voz de acorde.

Exemplo 17f:

Lembre-se: tudo o que você precisa fazer para criar o acorde dim7 é encontrar a tônica do acorde dominante e aumentá-la em um semitom. Tente isso com todas as vozes "7" que você conhece.

Acordes Maiores e Menores com Sexta

Acordes maj6 e m6 ocorrem com frequência na música, sobretudo no *swing jazz*. É importante conhecer esses acordes pois, muitas vezes, eles são escritos quando o compositor não quer que um acorde de 7ª seja tocado.

Acordes maj6 (ou "6") podem ser facilmente criados ao diminuir a 7ª de um acorde maj7 em um tom inteiro.

Isso pode ser visto na seguinte voz drop 2:

Exemplo 17g:

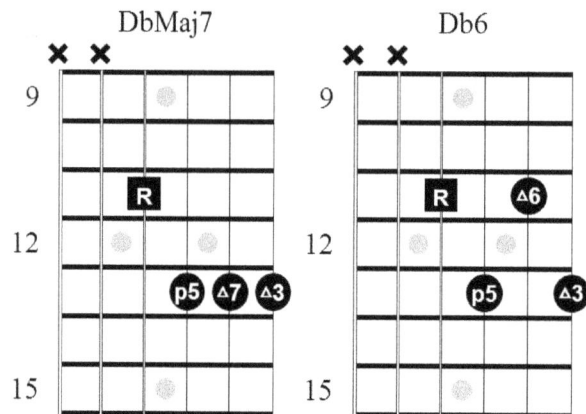

Provavelmente, você observará que já viu esse desenho "6" antes. Ele pode ser visualizado como um acorde m7 com a nota tônica na segunda corda:

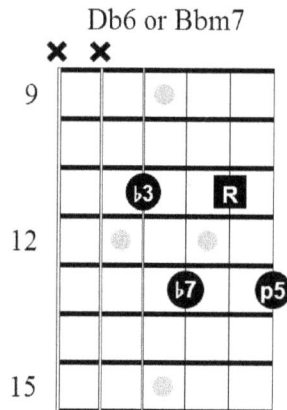

Isso deve reforçar a substituição ensinada na Parte Um dessa série: de que tocar um acorde m7 no intervalo de 6ª de um acorde Maior cria um acorde Maior com Sexta.

Por exemplo: no tom de Dó, o sexto grau é Lá; então, tocar um acorde Am7 com baixo em Dó cria um acorde C6.

Para incorporar o maj6 à sua técnica natural, pratique progressões ii-V-I usando o acorde maj6 no lugar do maj7 tônico. Lembre-se: tudo o que você precisa fazer é diminuir a 7ª em um tom.

Exemplo 17h:

Tente aplicar essa substituição a todas as vozes drop 2 nas quatro cordas altas e nas quatro cordas centrais antes de aplicá-las às vozes drop 3 e, por fim, aplicá-las sobre os exercícios cíclicos do capítulo 18.

Acordes m6

Acordes menores com sexta (m6) podem ser facilmente criados com a diminuição da b7 do acorde m7 em um semitom.

Exemplo 17i:

Mais uma vez, você provavelmente já vai ter visto esse desenho m6 antes, pois ele é igual ao desenho m7b5, com a tônica na 1ª corda:

Isso deve reforçar a substituição ensinada na Parte Um dessa série: de que tocar um acorde m7b5 no intervalo de 6ª de um acorde Menor cria um acorde Menor com Sexta. No exemplo acima, nós criamos um acorde m6 ao tocarmos um m7b5 na sexta (Ré) do acorde m7 original.

Aqui vai outro exemplo, no tom de Dó. O sexto grau de Dó é Lá, então, ao tocarmos Am7b5 com o baixo em Dó, nós temos um acorde Cm6.

Você pode praticar a utilização de acordes m6 ao utilizá-los como o acorde ii em um ii-V-I maior, ou como o acorde tônico de um ii-V-i menor.

Exemplo 17j: (como acorde 'ii' em um ii-V-I maior)

Exemplo 17k: (como 'i' em um ii-V-i menor)

Como eu espero que você esteja conseguindo ver, ao fazermos pequenos ajustes às quatro estruturas principais de acordes com sétima, nós podemos criar outras vozes importantes com facilidade. Essas novas vozes de acordes criam texturas ricas e complexas em nossa base.

Se você considerar que podemos tocar qualquer extensão de 9ª que quisermos; tocar mais de uma inversão para cada acorde; usar a substituição diminuta; combinar extensões cromáticas; e, agora, acessar acordes maj6, m6 e m(Maj7), nós temos um amplo espectro de ferramentas para usarmos uma "tapeçaria" harmônica bastante rica.

Seja criativo. Veja quantas formas diferentes você consegue encontrar para enriquecer a sua guitarra rítmica. Aqui vai apenas uma das milhões de possibilidades que você pode tocar sobre uma progressão de acordes meio "Autumn Leaves".

As alterações à harmonia usam apenas vozes drop 2 nas quatro cordas altas, mas a linha de guitarra base rapidamente se torna muito mais interessante.

Exemplo 17l:

Capítulo Dezoito: Exercícios Cíclicos

As progressões cíclicas de acordes deste capítulo são bastante úteis quando o assunto é praticar vozes de acordes.

Um jeito de usá-las é escolher uma estrutura de acorde - digamos, um acorde m7 drop 2. Agora, limite-se a tocar em uma área pequena da guitarra, de cinco ou seis casas - digamos, da primeira à sexta casa.

Toque cada ciclo usando a estrutura de acorde escolhida, mas não saia da área pré-definida. Usando o diagrama de ciclo de quartas abaixo, você tocaria as vozes drop 2 dos seguintes acordes: Cm7, Fm7, Bbm7, Ebm7 etc. Tente essa mesma ideia com o ciclo de quintas: Cm7, Dm7, Am7 etc. Pratique esse conceito com quaisquer estruturas de acordes que você estiver estudando.

Você também pode usar cada acorde no ciclo como *acorde tônico*. Por exemplo: você pode tocar progressões ii-V-I em cada acorde de cada vez. Usando o ciclo de quartas, você tocaria um ii-V-I em Dó (Dm7-G7-Cmaj7); então, um ii-V-I em Fá (Gm7-C7-Fmaj7); daí, um ii-V-I em Si Bemol (Cm7-F7-Bbmaj7), etc.

Esses tipos de exercícios são mentalmente exigentes porque lhe obrigam a pensar *de trás para frente* a partir de um acorde tônico como alvo. Memorizar a sequência de acordes antecipadamente, longe da guitarra, pode ser de grande ajuda antes de tentar esses exercícios.

Essas técnicas de prática são muito poderosas. Com disciplina, você descobrirá que a sua visão, conhecimento e, acima de tudo, seus *ouvidos* melhorarão dramaticamente.

Ciclo de quartas

Ciclo de quintas

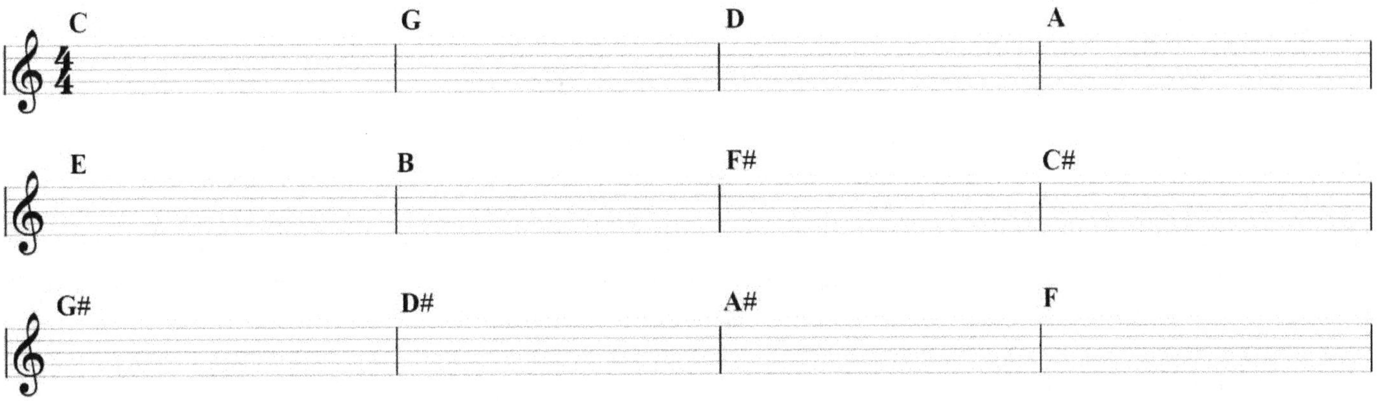
C
G
D
A
E
B
F#
C#
G#
D#
A#
F

Conclusões e Estudos Avançados

Existe uma abundância de informação harmônica neste livro que, assim espero, lhe dará muitas horas de felicidade enquanto você as pratica no quarto ou as executa no palco. O meu conselho é que você comece bem devagar, estudando apenas uma voz de cada vez. Os dois tipos de acorde que trazem os benefícios mais imediatos são os acordes drop 2 nas quatro cordas altas e os acordes drop 3 com o baixo na sexta corda.

Assim que você estiver confiante com essas ideias, eu sugeriria que você aprendesse acordes drop 2 nas cordas do meio, e acordes drop 3 com o baixo na quinta corda.

Independente do jeito que você escolha fazer, o mais importante é se certificar de que você está realmente incorporando esses novos acordes à sua música. Pratique usar cada tipo de acorde com as sequências mais comuns, como as da página 56, e com os exercícios cíclicos do capítulo 18.

O metrônomo é seu amigo! Muito embora seja realmente recomendado que você mantenha o metrônomo desligado quando estiver aprendendo novos desenhos, quanto mais cedo você usar o metrônomo para tocar as sequências no tempo, melhor.

Mesmo com todas as backing tracks disponíveis hoje, a melhor simulação da "alta pressão" de um show disponível é sentar com *apenas* um metrônomo, trabalhando em cada mudança de acorde. Se você colocar o metrônomo na metade da velocidade, de modo que ele apenas clique no 2 e no 4, melhor ainda.

Isso faz com que *você* fique responsável pelo tempo, e também não lhe dá lugar para você se esconder. Esse é, definitivamente, um treinamento bastante intenso, mas é extremamente benéfico.

Escute os grandes guitarristas de *chord melody* quando não estiver treinando com a guitarra. Você começará a ouvir as estruturas de acordes que eles tocam, e alguns de seus segredos se revelarão sozinhos.

Get a 'Real Book' and practice reading through the charts. Depois de um tempo, não haverá mais surpresas e você será capaz de ajustar as quatro estruturas principais e incorporar quaisquer acordes de "surpresa". Pratique os seus sons favoritos de diversas formas, e, a cada dia, aborde a harmonia utilizando um novo tipo ou estrutura de acorde.

Você pode tocar uma, duas, três ou até quatro inversões de um acorde em um compasso, embora eu sugeriria que trabalhar com apenas uma ou duas seria um uso melhor do seu tempo.

Acima de tudo, não espere que você conseguirá incorporar todas as ideias deste livro de uma vez. É impossível reter toda essa informação depois de um período tão curto de estudos. Fique realmente bom em usar apenas um tipo de voz e a sua inversão antes de explorar outras. Na maioria das situações envolvendo bandas de jazz, as inversões drop 2 nas quatro cordas altas e nas quatro cordas do meio são as suas melhores apostas.

Como sempre, divirta-se!

Joseph